湛庐CHEERS

与最聪明的人共同进化

HERE COMES EVERYBODY

与青春期孩子的18场关键对话

어느날 갑자기 사춘기

「韩」尹多玉 著
梁如幸 译

中国纺织出版社有限公司

前言

我是一位中学的心理咨询教师。在校园里，我既是最贴近孩子的大人，是他们遇到心理问题时可以咨询的对象，也是他们的老师，这一双重身份让我想要打开他们的心房并不容易，而且觉得越来越难。

在学校被许多孩子围绕，同时也养育着两个孩子的我领悟到一件事：心理咨询师和父母、农民所做的事情其实非常像。心理咨询师就如同前来进行心理咨询的孩子的第二任父母，在孩子的成长过程中扮演着对他们进行再教育的角色，帮助他们发现自己的价值并学习如何与他人沟通。和农民施肥、播种、等待种子发芽、给予嫩芽适当照顾一样，心理咨询师倾听前来进行心理咨询的孩子的心声，在他们心中种下充满希望与温暖的种子，然后一边默默地关心他们，一边呵护他们心中的种子冒出嫩芽、慢慢健康成长。无论是心理咨询师、父母还是农民，他们对孩子都拥有足够的耐心，并愿意全心全意地付出。

在与孩子相处的过程中，我发现耐心地倾听并察觉孩子的心声并不容易。处于青春期的孩子只要稍微感觉不对劲儿，就会立刻紧闭双唇。父母只有诚恳地对待他们，让他们相信自己的关心是发自内心时，他们才有可能打开心房。也只有当父母了解到他们的真实想法，并懂得欣赏他们的优点时，彼此才能展开对话。当然，我也常常因为孩子所筑起的又高又坚固的心墙，而无法与他们展开交流。

等待也是很困难的。每当经过几次心理咨询，孩子一点儿变化也没有时，我总会忍不住怀疑自己："我所做的努力到底有没有用？我是不是真的做对了？这种状况到底要持续到什么时候？孩子会不会变得更刁钻？我会不会错失孩子需要帮助的关键时刻？"在等待的过程中，我时常因为这些问题而感到不安。虽然知道怀抱希望并坚定地等待很重要，但做起来并不容易。

其实，父母不用费尽心思给孩子什么特别的东西，一直陪伴在他们身边才是最重要的。孩子有需要时，父母给的却不是他们真正想要的。虽然道理简单，但还是有很多父母经常因为孩子自身的一些问题或与孩子的关系问题感到焦虑，并为此制订了一堆目标或计划，却不去关心孩子本身。在我看来，如果不能结合孩子的成长，或是不考虑孩子真正的需求，父母制订的这些目标或计划只会惨遭拒绝，最后只能一边后悔，一边下定决心不再按照自己的标准对待孩子。最重要的是，父母应先确认孩子是否被尊重、被体谅、被爱，而不是按照自己的方式去关心和爱孩子。这样做父母才不会很快就感到失望，孩子也不用因为过分担心辜负父母的期待而产生负罪感。只有当彼此能够更舒服自在地相处时，双方才能建立和谐的关系。

我在学校担任教师已经十几年了，虽然每天都在接触处于青春期的孩子，但和所有的父母一样，与他们相处对我来说仍然是一件很难的事。希望他们能够珍惜时间，做些有意义的事，而不是把时间浪费在睡懒觉、玩游戏机、打网络游戏，或是社交网站上；苦口婆心地劝说，往往被他们不管三七二十一的直接拒绝。父母说一百句也比不上朋友说一句，他们很重视朋友，只想和朋友待在一起。我也担心那个曾被自己抱在怀中的温柔的孩子离我远去。不过最令我担心与郁闷的是，无法轻易地了解他们的内心世界。

其实，无论青春期以哪种面貌展现出来，都只是孩子成长的印迹。请一定要记住：那个曾经被父母抱在怀里的孩子正在成长为一个独立自主的成人。而在这个过程中，他们难免会经历挫折和失败，但就像打预防针一样，身体可能会出现发烧等不适症状，却最终会生成免疫力，从而让他们更加健康地迈过人生的每一个阶段。

没有人是完美的，父母也会犯错。有时候因为担心犯错而不敢尝试去改变，只能饱受现状的折磨；有时候也想寻求适当的帮助，遇到好方法也愿意去尝试……父母们应该都有着相同的心情吧。如果通过彼此分享与处于青春期的孩子相处的经验，可以促进父母们互相学习的话，那么，我拥有的经验或许能够给父母们提供一些帮助。带着这样的想法，这本书诞生了。

本书讲述的是我与孩子们在学校所经历的故事，也是最近校园里实际发生的问题，是以青春期的心理、行为特征为基础所撰写的。希望这本书能帮助父母去理解孩子，并养育出更有幸福感、更健康的孩子。同时也希望父母们明白，每一个孩子都是独一无二的，不能用固定的原理或公式去对待他们。最后，希望这本书能够成为通往孩子心房的桥梁。

我期待所有的孩子都能认为自己是珍贵的、独一无二的，并有能力把温暖分享给周围的人。

目 录

第二部分 青春期的校园社交困扰

第三部分 青春期的课业焦虑

第四部分
青春期的亲子关系危机

引 言

可爱乖巧的孩子去哪儿了

曾经，我一直认为有了孩子就会知道该怎么做父母，所以在生孩子之前，我从来没有思考过如何扮演好父母的角色，更没有为此烦恼过，只是在怀孕时想象过生孩子会有多痛、多可怕而已。有了孩子后，虽然感到幸福的时候很多，但是经受的折磨和痛苦也不少。很多父母的经历应该和我相似吧。

一直以来，父母们糊里糊涂地扮演着养育者的角色，到了孩子青春期时，突然会对自己的做法产生怀疑，因为孩子变得如此陌生，不再是曾经那个被抱在怀里的小可爱了。和孩子能聊的话题越来越少，内心的“翻译机”也像是出了故障一样，即使面对面也无法沟通，完全不知道孩子到底在想什么。父母虽然是成年人，也常常忍不住和处于青春期的孩子赌气，也常常会感到受伤、委屈、惊慌失措。

到底应该怎么做，才能和处于青春期的孩子好好相处？这个问题并没有标准答案，因为这一问题的背后存在太多变数。要是太过坚持只有一个标准答案，反而会让问题变得更加复杂，更难解决。我在这里想分享几条建议，希望父母们能够铭记在心。

✔ **无论是什么理由，都不可以嘲笑孩子**

父母嘲笑孩子，会让孩子认为父母不把自己的烦恼当回事儿，“因为这件事，我都烦恼和痛苦得快要无法承受了，爸爸妈妈居然不了解我的心情”。孩子非常讨厌被嘲笑，也会因为被人嘲笑受到很大的伤害。

✔ **不要践踏孩子的自尊心**

父母即使很难接受孩子的某个想法或行为，也绝对不能用压制或无视的态度去回应，这么做只会让孩子更听不进去父母的话，哪怕这些话都是对的。如果对孩子的行为不满，也没必要总是硬碰硬，不妨偶尔睁一只眼、闭一只眼，先让事情过去，找合适的机会再与孩子沟通；或者先给孩子一点时间去思考，再进行沟通。

✔ **要让孩子相信“爸爸妈妈永远都相信你，永远都站在你这边”**

这并不是用嘴巴说说就可以的，如果父母不是发自肺腑地跟孩子说这句话，那对孩子一点儿帮助也没有。另外，对孩子说

“就是因为你做错了 ××，所以才会 ××”这类话，只会让孩子觉得“连爸爸妈妈都不站在我这边，他们大概是不爱我了”。无论是在什么状况下，父母要做的第一件事就是站在孩子的立场，倾听孩子的心声，尝试理解他们的言行举止，即使他们的行为不一定都是对的。

✔ 请把青春期视为能让亲子关系变得更加坚固的机会

世上没有完美的父母，只是让孩子看到父母为成为“好爸爸妈妈”所付出的不懈努力，就足以对他们产生积极正面的影响。当孩子疲倦时，父母如果可以扮演给孩子鼓劲儿、让孩子振作精神的角色，孩子将来也会成为一个积极向上、独立自信的人。

你会和青春期孩子相处吗？

扫码鉴别正版图书
获取您的专属福利

扫码获取全部测试题及答案
一起了解青春期孩子到底在想什么

- 当孩子被同学嘲笑，产生自卑情绪时，父母以下哪种反馈对孩子更有帮助？

  A. 鼓励他“自信一点”

  B. 去学校与嘲笑他的同学理论

  C. 多给孩子创造证明自己的机会和环境，让他们明白自己的情感、情绪和想法是被认可的

  D. 认为这种情绪只是暂时的，随着时间的推移会逐渐消失，无需太过在意

- 当处于青春期的女儿因为腋下开始长腋毛而烦恼时，父母的以下哪种反馈最不合理？

  A. 和孩子讨论要不要祛除腋毛及祛除腋毛是否会给身体造成伤害

  B. 认同孩子的烦恼，对她说“原来你是在为这个烦恼啊！”

  C. 对她说“没有啊，看起来还好，不用想太多！”

  D. 和孩子探讨青春期身体发育带来的生理变化及如何应对

- 当处于青春期的儿子频繁撒谎被发现后，父母的以下哪种反馈比较可取？

  A. 不厌其烦追问孩子撒谎理由

  B. 在与儿子沟通过程中说诸如“你一开口就在说谎”之类的话

  C. 运用已经掌握的说谎证据测试儿子是否在说谎

  D. 了解原因，与孩子一起制定能够改善的方案，并适时调整

扫描左侧二维码查看本书更多测试题

与青春期孩子的18场关键对话

第一部分

青春期的关键变化

PART ONE

关键
对话 1

自我怀疑成为日常

跟一个完全陌生的老师能说什么呢

处于青春期的孩子是否愿意发出求助信号非常重要，这意味着他们是否具备建立基本人际关系的能力。

请父母不要忽视孩子伸出的求助之手，好好倾听他们的心声吧！

家中有处于青春期孩子的父母，一定都有过看孩子脸色的经历吧。有时只是和孩子说一些无关紧要的小事，他们却突然大发脾气，中断对话，什么也听不进去；有时一整天都摆着一副臭脸，什么话也不肯说。每当碰到这些情况时，父母只能一边担心孩子，一边小心翼翼地观察他们的情绪起伏。想必所有的父母都忘不了在某一天，“那个原本整天围绕在自己身边叽叽喳喳说个不停，用闪闪发亮的双眼看着这个世界的孩子，在不知不觉中到了青春期，变成了一个沉默不语的孩子”。

来心理咨询室的孩子当中有很多“双唇紧闭”型的，和他们交流真的很不容易。有时候，我也会因为找不到打开他们心房的钥匙而交流失败，只好让他们回去；有时候，即使找到了钥匙，但是，或者因为时机不对，他们还没有做好分享心事的准备，或者因为他们还不确定要不要相信眼前的这个大人，我只好等待下一次机会。

我曾对一个跟朋友离家出走过几天的初一学生进行心理指导，那是由孩子的班主任托付的。初中生活刚开始不久，究竟是什么原因让他下决心离家出走呢？让他觉得不满或想要逃离的事物是什么呢？他想要的又是什么呢？虽然我很想倾听孩子的内心，并给予他适当的帮助，但是在心理咨询室的一个小时里，他一直低着头，什么话也不说。换个立场去感受孩子的心情，他经历离家出走后，坐在学校心理咨询室里，和第一次见面的老师又能说些什么呢？我想，反正硬逼他开口也起不到什么作用，不如就让他自在地坐在那里。

虽然不知道孩子是不是真的感觉自在，但是我还是希望通过陪伴尽可能地给他舒服的感觉。我没有轻率地要求他坦露心声，但也没有对他置之不理，以免让他产生被晾在一旁的感觉。我并不知道他何时会改变想法，所以在那一小时中，会不时地对他说“感觉有些事困扰着你，老师希望能帮你解决困扰”“老师希望能帮助你，让你更适应学校生活”“老师会帮助你的”“老师希望可以帮助你”之类的话。那天的心理咨询几乎没有取得什么进展就结束了，我告诉他，“等你想要说的时候，老师会在这里的”，随后就让他离开了。几个月之后，我在走廊上碰到了那个孩子，他带着笑容看向我，并对旁边的朋友说：“哎，你如果有什么困扰，也可以去找那个老师进行心理咨询，她说会帮助我们呢！”

相信许多父母都听到过“一定要和处于青春期的孩子多聊天”“在孩子的青春期阶段，与孩子建立亲密关系很重要”之类的建议，但是现实情况是，父母并不知道如何与处于青春期的孩子对话。大部分的情况都跟我们所了解的有出入，即使是相似的情况，用学到的方法照本宣科地去处理，结果也往往事与愿违。想要和孩子好好聊聊，孩子却露出惊讶的眼神，甚至毫无反应地回到自己的房间；彼此越讲越激动，一怒之下什么伤人的话都脱口而出，反而恶化了彼此的关系。在这些时候，“对话技术”就显得非常重要。对话之前，父母必须先想清楚两个问题：自己和孩子是怎么互动的？沟通时的障碍在哪里？

孩子在沟通过程中，受到父母言语的伤害越多，越容易沉默寡言，要让他们再次袒露心扉就需要花费更长的时间。如果在沟通时，他们还被父母或者身边的人欺骗的话，那么想要与他们展开交流就更难了。

在学校进行心理咨询的好处是可以近距离地观察孩子，在孩子发出求助信号时能及时地陪伴在他们身边，给予他们走出困境的力量。我们想要培养孩子主动求助的习惯，就必须在彼此间多增加些名为“关心”的养分。虽然不是所有的心理咨询都会有正面的效果，但是孩子是否知道发出求助信号非常重要。知道寻求帮助的孩子，往往更愿意对他人敞开心扉，具备建立基本人际关系的能力。当孩子寻求帮助时，身边是否有人关心并倾听他们的经历会给他们带来很大的影响。父母可以好好回想一下，自己是否因为太忙、太累或是觉得不太重要，而在无意中忽略了孩子伸出的求助之手。请不要忽视孩子向我们发出的求助信号，好好倾听他们的心声吧。

老师一直夸他，我真的很笨吗

自卑是一种贬低自我价值的情绪，这是处于青春期的孩子了解并确认自我的必经过程。

请父母在孩子寻找自我的过程中，帮助他们逐步认知自己的优点和弱点！

在我的女儿成为初中生后，让她的情绪像过山车般起伏不定的事情多了很多。情况往往是：在我觉得她适应得不错、初中生活趋于稳定的那一刻，又出现新的困扰，让她的情绪陷入了低潮。

“妈妈，我们老师每次提到功课很好的 ×× 时，就夸奖他什么都做得很好，还会叫他‘我们 ×× 啊’！”“我可能脑子很笨吧。”“我没有特别擅长的事。”“我以后要靠什么赚钱养活自己？”……

为什么青春期让人这么煎熬呢？这是因为儿童期结束，开始进入青春期时，人的自我意识会逐渐增强，处于青春期的孩子会将自己与他人划分开来，也会根据外界的眼光调整自己的言行举止。他们开始从自我出发思考问题，会以更严格的标准审视自我。他们有时候会莫名地自信满满，有时候又会莫名地被自卑心理笼罩。再加上学业的影响，很多青春期孩子难免饱受挫折感与自卑心理的折磨。

自卑是一种贬低自我价值的情绪，它会让人产生“和其他人相比，自己比较差劲、没有价值”的认知。每个人都有感到自卑的经历，不过自卑并不都是负面的，它有时也会成为前进的动力，让孩子朝着成为更好的自己而努力。但是问题在于，自卑感很容易让人在做事时缺乏自信，而这对于处在青春期的孩子来说则是很难克服的障碍。

在更关注孩子学习成绩的大环境下，我们必须先引导孩子思考并找出以下问题的答案：我是怎样的人？我的能力可以让我做什么？我真正想做的是什么？让他们在寻找答案的过程中了解自己的优点和弱点。

为了提升孩子的幸福感，学校策划了很多活动，其中有一个活动叫作“改变观点”。在这个活动中，孩子们可以练习用正向的观点看待最近经历的负面事件或自己的弱点。当然，这么做并不能改变已经发生的事，弱点也不会马上消失，但却可以让孩子不再被负面情绪困扰，并且让他们相信自己仍然可以怀抱其他希望。

例如，如果孩子非常敏感，并且他自己也不喜欢这种个性，这时不妨引导他了解“敏感也意味着小心仔细、观察力敏锐”；如果孩子容易放弃，可以对他说“说明你考虑到了实际情况，避免了浪费时间”；当孩子一直忍让，最后忍不住“大爆发”时，试着对他说：“你既懂得适时忍耐，又知道表达意见”等。“改变观点”的活动开始之后，孩子的话令我印象深刻，“用正面的角度去看待这些弱点，它们好像也有不错的地方”“我很惊讶朋友竟然不觉得我的弱点很奇怪”“原本我以为自己没有什么优点，弱点却很多，现在觉得我也相当不错”“我从没想过可以这样思考，现在压力减轻了不少，内心好像也有了一些变化，觉得很温暖”。

处于青春期的孩子往往会有认知混乱的经历，但这是他们了解并确认“自己是怎样的人”必经的过程。幸好，孩子在青春期受伤的自尊心，在他以后的人生中是有机会得到修复的，而身为父母的我们所能做的，就是陪伴他们度过这个阶段。父母只说“自信一点”“做事情要有信心”“你并不比别人差”，并不能给孩子带来信任与爱，细心地观察他们的情绪，并给予正确的疏解，才能让他们获得安全感。此外，父母要学会适时放手，让孩子自己做决定，并接受他们的失败，让他们明白自己的情感、情绪或想法是被认可的，教会他们做自己。

不想因为生病被排除在活动之外，我想试试看

当处于青春期的孩子遭遇病痛与认知混乱时，最希望的是有人真心听他说话。

父母首先需要照顾好自己的身体与情绪，真正成为支撑孩子的力量，这样才能给孩子更多勇气去寻找自我。

父母们聚在一起聊天时，经常会说“不知道养孩子这么难，知道的话一定会慎重考虑后再生”“成为父母之后才知道了人性的底线”之类的话。很多人在做了父母之后，以为自己很懂孩子，有了很多与孩子交流沟通的经验，然而在与孩子相处时，却会不断地发现自己还不够成熟的一面。父母们虽然很爱自己的孩子，会很小心地照顾他们，但是在养育他们的过程中，还是经常会被自己的情绪所左右，对他们不耐烦，甚至对他们发脾气，事后又自责或愧疚到坐卧不安。尤其当孩子身体比较虚弱或生病的时候，父母更是会忍不住自责：“我到底哪里做得不对，孩子会变成这样？是因为在孩子小的时候没有母乳喂养，还是因为没有为孩子准备对身体好的食物或补品？是因为给了孩子太多的压力，没有给他足够的关爱？”父母总是这样，想从自己身上找到造成孩子身体不舒服的原因与自己没有尽责的地方。如果孩子患上慢性疾病，父母就更易产生这样的想法，除了面对孩子时觉得很愧疚，自己也很受伤害。

在学校里，我经常遇到一些处于青春期的孩子，他们因为患有小儿糖尿病、脊椎侧弯类疾病、甲状腺疾病、低血压，甚至因为青春痘、脱发等问题无法随心所欲，变得畏缩、忧郁，甚至痛苦。父母虽然会让孩子及时地接受治疗，但是要照顾与理解这些孩子，好好地与他们相处，有时候真的不是一件容易的事。

曾经有一个孩子在初二时被诊断出患有甲状腺功能亢进症，他刚开始以为这病没什么大不了，“应该很快就会好了吧”，但是在听了父母对病情的说明，自己上网查证之后，才惊觉这种病的严重性。父母很坦诚地向他说明病情，并鼓励他要怀抱希望，虽然这多少让他找回了几分安全感，但是当症状一个接一个的出现时，他还是抑制不住一天比一天忧虑。当我问他在这些症状当中，最让他担心的是哪个时，他想都没想，马上回答“眼睛凸出来的样子”，因为其他症状通过外表是看不出来的。对处于青春期的孩子来说，他们很难不去在意外貌的变化。

就算带着这样的不安，他看起来仍然很开朗。但其实，他总是觉得自己拖累了父母，对父母感到愧疚；也因为害怕与朋友相处时气氛会变得沉重而日渐消沉。他虽然讨厌被当作“生病的人”或“虚弱又没能力的人”，但是当大家对待他像对待一般人时，他心里又有些不是滋味，觉得“对方一点儿都不关心自己”。有一次在上体育课的时候，班上的同学建议他不要参与那些需要消耗很多体力的活动，他听了之后，觉得同学在排斥他，因为他“看起来没力气又虚弱，是个病人”。后来他边哭边向我吐露心声：“我不想因为自己生病就被大家忽略或排除在活动之外，我想要参与其中，尽全力试试，但是没有人问我或听我说。”这个孩子透露了他最渴望的就是有人倾听他的内心的想法。

孩子生病时，父母当然很难受，尤其当孩子患上并非几次治疗就可以治愈的疾病时，父母便会陷入自责的状态：“是不是自己没照顾好孩子？是不是没有找到更好的治疗方法？”但是，请不要忽略孩子的感受，他们所经历的痛苦与焦虑超乎我们的想象，所以父母一定要好好调整自己的状态，成为支撑孩子的力量。

父母必须先了解孩子在现有状态下的心情与想法，才能更有效地引导他们。请不要对孩子说“小心点儿，好好照顾自己”这类话，也不要把病情讲得比实际还严重，让孩子更害怕、更不安。当然，表现得这没什么大不了，或者什么都不和孩子说也不太恰当。让他们了解自己的身体状况，知道接下来自己的行动与选择会给身体带来哪些不一样的结果是很有必要的。

看到孩子在治疗的过程中遭受痛苦，父母也承受着很大的心理压力，甚至心痛到难以承受，不知道该怎么鼓励孩子坚持下去，所以当听到孩子说“不想再继续”时就妥协了。然而，如果连父母也因为忧虑而疲惫不堪，孩子看到后，便不好再开口向他们求助了，所以父母在孩子面前千万要注意自己的情绪与精神状态，陪孩子一起坚持下去。

小学六年级时智商只有七八岁的程度，我是有点傻吗

青春期的孩子可能会因为智力测验结果遭遇不公平对待，因为该结果可能会成为父母采取何种方式养育他们的评判标准之一。

父母需要明白大部分孩子都是普通人，若非必要无须测试孩子的智商，更不应该基于测试结果调整养育方式。

“孩子不是很聪明，但是很努力，成绩还不错”和“孩子很聪明，可是不努力，成绩不太好”，如果要求你从中选择不太排斥的一句话，你会选择哪一句话呢？

父母在子女还小的时候，应该都有过类似的经历：一边想着“我家孩子会不会是天才”，一边满怀期待地观察孩子的一举一动。但是随着孩子一天天地长大，许多父母开始认为“我家孩子虽然聪明，但是并不努力……”或许是“头脑不聪明”这个想法令许多父母感到害怕，他们会抵触这个想法，试着用“虽然孩子现在有点落后，但只要努力还是会有好结果”的想法说服自己，然后把一切都怪罪到孩子不良的读书习惯或其他习惯上，并且盲目地把许多学习资源强加给孩子，逼迫他们更加努力地去学习。

去年临近暑假时，有一个孩子来到心理咨询教室。这个孩子在课堂上的大部分时间都在睡觉，和同学的关系也不太融洽。

他对我说："别人都认为我是个笨蛋。"我问他为什么会这样觉得，他则回答："因为我上课时都在睡觉，成绩也不好。""我长得不好看、又笨，连我自己都不能接受。我总是弯腰驼背，没有精神和力气思考或做任何事情。遇到麻烦事情我就只会说'不知道'。"

他从小就没有得到父母的精心照顾，在情感方面比较脆弱，在学习方面没有打好基础，也因此无法融入班集体。不过，让他最受打击的是另外一件事。他说："我在上小学六年级时接受了智力测验，报告说我的智商只有七八岁孩子的水平，这对我来说真的是很大的打击，我经常因为这件事哭鼻子。我都这么大了……爸爸特别喜欢喝酒，有一次喝醉时说已经放弃我了……我之前并不觉得自己有智力障碍……"

我虽然不知道这个孩子的智商到底处于哪个水平，但是我发现他非常喜欢动物、画画，看漫画书，对制作料理也很感兴趣，是个很不错的孩子。后来，我实在不希望孩子一直怀疑自己，就建议他去医院又做了一次智力测验，而那次的检测结果是"普通"。后来，这个孩子的学习状态一直都还算稳定。

在"孩子虽然很普通，但是好像适应得还不错"的情况之下，真的有必要做智力测验吗？当然，如果孩子的智商疑似很高或很低，还是有必要去专门机构做进一步的检测。若智商很高，可以通过特殊教育来开发大脑的潜能；若智商很低，也能够及时对孩子不健全的方面施以对策。然而，一旦测验结果显示智商偏低，许多父母并不是带孩子积极地接受治疗，他们往往把测验结果等同于孩子的“能力”，进而在孩子的人生中留下了不可磨灭的阴影。就算测验结果显示“智商偏高”，也可能产生弊端，孩子或许会因为父母过高的期待而被迫过度学习，最后反而削弱了自身的潜力。

大部分孩子的智商都分布在平均范围内，约有 70% 的孩子智商为“普通（IQ85 ～ 115）”。而且按照智力测试的测验原理，测验结果只能说明孩子的智商在某个年龄层的全体孩子中所处的大概水平。比起孩子自身的能力，智力测验更像是对孩子“到目前为止学了多少知识”的评估，因此并不能把测验结果看作孩子未来是否会取得成功的依据。

关键
对话 2

对异性的强烈好奇

他说如果我变瘦的话一定会很漂亮

> 孩子在青春期对异性产生好奇甚至冲动，是成长过程中的自然现象，但并不一定都是爱。
>
> 父母在关心孩子的身心变化、尊重孩子情感需求的同时，还须告知孩子交往的底线是什么。

“我的孩子可以跟异性交往。”大多数父母说这句话时，看似态度坚定，其实内心充满不安。就算知道现在处于青春期的孩子跟异性交往已经不是什么稀奇的事了，但若真的发生在自己孩子身上，父母们还是会忍不住担心："我该如何看待这件事？该怎样对孩子表达关心？会不会影响功课？会不会有性关系方面的问题？"

孩子之所以跟异性交往，可能是因为对异性的好奇、对异性关系的憧憬，也可能是因为觉得孤单、没有得到父母的关心，甚至是为了减少日常生活中的压力等。孩子与异性交往可以视为友谊关系的升华，但也可能会导致严重的感情损耗。

我经常听到女孩子和男朋友分手后说："我现在还是很喜欢他，总是会不由自主地想他，一直想要和他复合，但是他应该不会接受吧！""我要减肥！他说如果我变瘦的话一定会很漂亮，等我减肥成功后，我会问他要不要再跟我交往。""大家都在一起玩，我没办法不去看他，真不知道该怎么办才好。"

曾经有个前来做心理咨询的孩子，她在不和谐的家庭环境中长大，没有得到父母的充分照顾，与同性相处得也不太融洽。她对我说："我想要去爱一个人，他能细心、温暖地照顾我，真希望有这样的一个人出现在我身边。"后来她交往了一个已成年的男友，对于她的男朋友，她说："我很喜欢他总是站在我这边，担心我、照顾我，也不太干涉我……"

由于同性朋友之间容易产生竞争，所以和年纪相仿的异性朋友交往时，孩子经常会认为异性朋友是站在自己这边的，是真心地担心与照顾自己的。同样的话由父母来说会觉得啰唆，但是由异性朋友说出来，他们却觉得充满了关爱，认为对方真的是在关心自己。

与异性交往是建立多样人际关系的重要环节，可以促进孩子健康成长。因此，就算父母会担心，也要抱着“这会成为有意义的经历”的想法给予孩子关心，而不是完全禁止。父母可以通过平时与孩子聊天，帮助他们树立正确的爱情观，让他们清楚与异性交往的底线是什么。

从孩子正在就读小学高年级或初中的妈妈们的谈话中，我们不难发现，她们很担心孩子与异性交往以及性教育的问题。我曾收到一张字条，上面写着：“还在读初中的女儿交往了男朋友后，经常很晚才回家，不知道要不要和她谈谈与性有关的话题。”相信很多妈妈不知道该以怎样的态度面对孩子跟异性暧昧、被异性告白或与异性交往的情况，不知道如何给孩子建议，当孩子坦诚地与她们分享自己与异性的交往经历时，却因为表达了否定与反对的态度，导致孩子失望地说“以后再也不跟妈妈说了！”“妈妈真是老古板！”最终不欢而散。

无论是孩子在与异性交往的过程中还是接受青春期性教育时，父母首先应该告诉孩子：把重点放在了解与尊重自己的身体上。孩子在青春期阶段会对不断发育的身体产生很多疑问与烦恼，也很容易用消极的眼光去看待自己的身体，甚至产生自卑感。因此，当女儿生理期来临时，要教会女儿养成用日历或专为女性设计的生理周期应用程序来记录与掌握月经周期的习惯，并依照生理期的时间与周期，了解自己的身心变化。当女儿腋下开始长腋毛时，可以和孩子讨论要不要祛除腋毛或者如何选择合适的除毛产品。认同孩子的烦恼，对她说“原来你是在为这个烦恼啊”，比对她说“没有啊，看起来还好，是你想太多了吧”，更有助于拉近与孩子之间的距离。

在对处于青春期的孩子进行性教育之前，父母首先要明白：孩子不仅会通过发展友谊关系来确认自我的存在，还会通过性来确认他人对自己的爱或是感受自己对他人的爱。也就是说，他们并不是单纯地想要满足性欲，更重要的是想要确认自己的整体性。

无论是父母还是孩子，都必须了解的一点是，在青春期对异性产生好奇与性冲动，是成长过程中出现的自然现象，但这些并不一定代表“爱”。现代社会的孩子在与异性交往时，很快就会发展到牵手或拥抱的阶段，父母有必要让孩子知道这些行为很容易导致更强烈的性冲动，告诉他们自己的担忧，并帮助他们了解交往的底线，到什么程度是可以被接受的。另外，父母也可以分享自己的经历，供他们借鉴反思。

父母还必须让孩子明白男性与女性对性的看法不同，以及在交往中容易产生的误会与危险。告诉女儿即使男朋友很温柔、很善解人意，但在两人单独相处时还是要注意保护自己。

当孩子经历分手时，父母一定要留心观察他们的状态，并且充分安慰他们受伤的心灵。如果是对方先提出分手，帮助孩子接受对方不再喜欢自己的事实；如果是自己的孩子先提出分手，要教导孩子认同并感谢对方喜欢自己的心意，并以和平的方式与对方分手。

如果孩子正在和异性交往，可以通过让孩子回答下面 4 个问题，来检测他们的关系是否健康：

1. 在这段关系里，我如何对待我自己？（除了一直照顾对方，我是不是也照顾到了自己？我是不是认为自己希望与需要的东西也很重要？）

2. 在这段关系里，我对对方很好吗？（当对方的观点与我的不同时，我是不是不会去批评对方，而且通常能够接受对方不同的观点？）

3. 在这段关系里，对方对待我的方式让我感到满意吗？（如果我不喜欢，要拒绝的时候，我是不是会担心对方因此生气？对方是不是认同有不同意见的我？）

4. 在这段关系里，对方对待他（她）自己的方式让我感到舒服吗？（在我心情不好时，对方是不是不会觉得与他（她）有关，是不是会有意识地反省自己？）

如果回答皆为“是”，代表孩子与异性的交往状态是健康的；如果不全是“是”，父母就需要介入，并对孩子加以引导。

想偷看禁片，假装关心妈妈“您几点回家？”

处于青春期的孩子喜欢与朋友互相分享、评价彼此的照片，这可能是自信的表现，也可能是缺乏关爱和自我认可的表现。

父母在跟孩子探讨性教育时，不妨以“你正在向成人迈进，现在已经是个小大人了呢……”开头。

“妈妈，你什么时候回家？”儿子在上小学四年级的时候，就算是在放假期间，也总是对我的行踪很好奇，有时候还会打电话问我。我以为孩子是因为想要更多的陪伴才给我打电话，我一方面因为陪伴孩子少而感到心痛，另一方面又因为彼此关系亲密而感到欣慰。但后来才知道，他是因为正沉迷于在网络上搜寻裸露照片，才想知道我回家的时间。面对儿子来得比我预期的还要早的青春期，我急急忙忙地开始寻找对策。我虽然不知道判断青春期性教育方式的对错标准，但既然儿子通过偷看裸露照片满足他对性的好奇，那么借着这件事与他谈关于性方面的问题，也就没有什么顾虑了。所以，针对他偷看裸露照片一事，我想我采取的对策还算是不错的吧。

如今，处于青春期孩子的性意识和爱情观与父母年轻时所持的观点已经不一样了，与异性交往时，在肢体接触、性行为等方面的观念也和过去不同。现在的孩子更加在意自己身体的变化，并且会积极地去表现。典型表现是：虽然许多孩子讨厌拍照，但是对于拍摄自己身材的照片却又充满兴趣，想要借此展现自己的身材。他们会与同龄人交换照片，借此增进友谊。有些孩子还会对这些照片进行评价，像是在玩评价游戏。从表面上来看，互相评价似乎是孩子很有自信的表现。但事实上，这也可能是一种缺乏关爱与缺少自我认可的表现。这些孩子因为没有把握从那些对自己来说很重要的人身上获得关爱与认同，但又想要确认自我价值，于是就将目光转向四周，无论是谁，都可以对自己进行评价，至少这些评价能让他们暂时忘却内心的孤单。

在教室里，孩子之间开玩笑时，和性有关的话题很容易就脱口而出，但是在进行心理咨询时，愿意谈论性的孩子并不多，让他们公开或分享与性有关的事情很困难。现在的孩子更习惯通过 Facebook（以下称为脸书）或 Kakao Talk（以下称为夸克）等来表现自己，但是由于社交网站具有强大的扩散力与永久保存信息的功能，这很可能会让孩子成为不法分子利用与犯罪的对象。

与过去相比，现在的父母的确越来越重视子女的性教育问题，但大多数父母并不知道该如何开始，一点儿头绪也没有。建议父母先确认自己对性的看法，如果父母对“性”这一话题感到别扭、不自在，孩子也会隐藏自己的想法，拒绝与父母交流。父母要理解孩子对性感到好奇的行为，并认同这一行为，它是每一个青春期孩子成长必经的过程。

无论孩子对性的哪一方面感兴趣，父母都可以用“你正在向成人迈进，现在已经是个小大人了呢”的态度与孩子展开对话。另外，由同性别的父子或母女一起讨论这个话题，孩子会更容易产生共鸣，也会比较自在。我的儿子经常和他爸爸分享彼此的经历，父子两人的关系也因此变得更加深厚。但是也无须过分强调这一点，把问题都推给与孩子同性别的父亲或母亲，以免耽误解决问题的好时机。如果对子女的性教育没有信心，父母可以在社区的性教育机构先接受一些指导，或者带子女去专门的性教育机构上课。我对孩子进行性教育时，为他们准备了很多相关书籍，可能因为孩子还处在充满好奇心的时期，他们并不抵触，安安静静地把书全部看完了。其实，如果能和孩子一起读这些书，并分享阅读心得会更好，可惜我们没这么做，只是偶尔会很认真地问一些自己感到很好奇的问题，有时也会说说自己担心的事情。对孩子进行性教育，并不是一次谈话就完成了，而是要对孩子保持持续地关心，并及时地与他们进行交流。

关键
对话 3

突然爱上的恶习

妈妈生气很恐怖，不想惹她生气就只能说谎了

几乎所有处于青春期的孩子都会说谎，而且随着年龄的增长，他们说谎的技巧会越来越高明。

父母若采用武力解决，或是对孩子的“存在价值”作出评判，往往会适得其反。

我的大儿子在青春期初期时经常说谎，被识破几次后，他有一天对我说:“我以后不会再去想着隐瞒妈妈，因为一定会被发现。”现在，虽然他偶尔还是会说谎，但并不是习惯性的，也不会对彼此造成伤害，我也因此

放心了不少。不过，我仍然一直关心他，以确定他是否真的明白遇事“说谎是行不通的”。

有一个学生在班主任的强烈建议下来到心理咨询室，我问他来这里进行心理咨询是什么感觉，他说：“当然不喜欢啊，但是妈妈跟老师一定要我来。”班主任和妈妈强烈要求他来接受心理咨询的主要原因就是说谎问题。

“虽然我也想改掉说谎的毛病，但在当时，我因为想要赶快摆脱困境，一不小心就又说了谎。妈妈生气的时候真的很恐怖，我总觉得要不想惹她生气，就只能说谎了。”

孩子进入青春期后，生活圈子变得越来越广，说谎的理由也越来越多：有时只是因为单纯的不想做某件事，有时可能因为害怕被骂、不想被惩罚、想要引起关注、可以向别人炫耀、维护友谊或自身利益，也可能是为了隐瞒更严重的问题，等等。

千万不要以为自己的孩子“绝对不会说谎”，几乎所有的孩子都会说谎，这是在他们成长的过程中自然而然会发生的事。随着孩子不断成长，他们说谎的技巧也越来越高明。就像我儿子一样，虽然很纯真，却可以脸不红气不喘地说谎。我在学校里也遇到过类似的情况，一些孩子明明看上去很真诚，却是在说谎，看到他们委屈的样子，我有时甚至会怀疑自己：“是我误会他们了吗？”说谎并不是值得鼓励的事，太频繁地说谎对孩子的成长非常不利。

“为了改掉孩子说谎的坏习惯，骂过、打过，甚至拖到家附近的派出所过，情况却并没有得到改善。”很多父母以为只要孩子体会过被打时的疼痛、恐惧与羞愧，他们就不会再说谎了，其实不然。依靠武力制止孩子的说谎行为，很可能会让孩子跟前面提到的学生一样，因为想要快点摆脱当下的处境而说谎，甚至还有可能编出更巧妙的谎言，让亲子关系更加疏远，也很容易变得更叛逆。

另外，不要对孩子说诸如“现在就说谎，长大以后怎么办？”“你一开口就在说谎。”“你这个谎话连篇的家伙！”之类的话。因为这些话批判的并不是孩子说谎的行为，而是批判孩子的“存在价值”，这些否定的言语非但无法阻止孩子说谎，还会在孩子心中留下难以修复的伤痕。

解决孩子说谎的问题，同样需要借助双方的沟通。父母不停地质问孩子为什么说谎，只会造成孩子说更多谎话的恶性循环。我们应该先确认孩子是在什么情况下说谎，只有先了解孩子的内心，并试着理解他们的行为，才有可能帮助他们。

当孩子认为自己非说谎不可时，父母对他们一味地施加压力或进行处罚是没用的。如果希望孩子少说谎，父母可以与孩子一起制订能够做到并坚持下去的规矩和原则。请记得，规矩和原则是为了帮助孩子，如果他们无法遵守，或是反过来给他们带来困扰，父母要试着对其进行调整。

有的父母会握着证据，测试孩子是否在说谎，这种方法不但没有用，还会让亲子关系变得更糟。孩子进入青春期以后，没有发现他们撒谎的证据，他们是不会轻易承认自己撒谎的。面对父母的质问，他们可能会表现得很委屈或做出防御行为。而父母明明有证据却最后才拿出来的举动，会让孩子感觉被羞辱了。不要让说谎的孩子陷入进退两难的境地，父母的最终目标并不是要赢过孩子，而是帮助他们摆脱说谎的不良习惯。

虽然我是个垃圾，但你也是个垃圾

身处信息化时代的青春期孩子，在网络世界展示自我、结交朋友已经成为他们日常生活的一部分。

父母需要教会孩子遭遇网暴时应该如何应对并保护自己。

不知道从什么时候开始，我发现孩子夸克账号的状态栏上写着“××真是个混蛋”。为什么写脏话呢？新的学年、新的学期刚开始，我难免会担心孩子的学校生活，担心他和其他同学的关系会不会出现问题。于是我小心翼翼地观察孩子，在孩子看起来心情还不错的时候，假装随意地问他：“我滑了一下夸克，看到你的状态显示是‘××真是个混蛋’。”“哦，那个啊，我只是觉得好玩，随便写的。”“是吗？老实说，妈妈有点担心，担心你发生了什么事情。”随后就像聊天一般，很轻松地解除了我的担心。

如今，越来越多的孩子拥有智能手机，使用各种社交网站上传个人信息的孩子数量也在快速增加，他们习惯且非常熟练的通过在社交网站上发布个人照片或状态来展现自我，也因此在那一个个小小的网页界面里发生了许多事情与纷争。

处于青春期的孩子经常会做出许多潜藏危险的事情，但他们在做的时候却意识不到这些潜在的危险，往往在危险发生后才懊悔万分，并忍受父母“做事怎么会这么不经大脑”的责备。就跟饮酒、抽烟、骑摩托车一样，玩社交网站也有可能带来很严重的问题。孩子们在社交网站上与非特定的人进行联系，将自己看到的、听到的、感受到的实时发布在上面，并且据此来确认别人的看法。还有非常多的孩子（数量多到超出父母的想象）甚至会把自己的隐私毫无防备地发布在社交网站上。

有一个孩子在小学毕业的那个暑假，在社交网站上传了自己烫完头发的照片，另外一个原本就不喜欢她、看不起她的孩子，就把她的照片传给自己的朋友们看，与朋友们一起嘲笑她。她的性格原本就比较安静、内向、被动，本来想要以一个全新的形象开始初中生活，结果却被嘲笑“她以为自己很漂亮吗”。最后她只好换掉了那张照片，再度恢复到做事被动、退缩的模样。还有一个孩子，在与好朋友发生了一些不愉快后，他的朋友把状态改成：“虽然我是个垃圾，但你也是个垃圾。”这个孩子觉得朋友是在说自己，难过得哭了。其实，从某种程度上看，这样的话语还算比较温和，还有很多孩子在社交网站上发布文章时，指名道姓，对他人展开人身攻击。

对处于信息化时代的孩子而言，在虚拟世界中展现自我、结交朋友已经成为他们日常生活的一部分，也正因如此，父母不能忽视网络社交中潜在的危险。我经常碰到一些孩子，他们在发现自己被原本相处得不太好的朋友，在社交网站上指名道姓地发表评论后来到心理咨询室；还有许多孩子通过与异性网友一起聊天、玩网络游戏，逐渐变得熟悉，甚至关系暧昧或进一步交往，这类危险也在不断增加。无论是谁，都渴望得到他人的认同与关心，并从中获得自我认同，网络世界对如今处于青春期的孩子而言，扮演了很重要的角色，我们不应该轻易断定它“不真实、浪费时间、只建立虚拟的人际关系”。

踏入青春期的孩子对这个世界充满了好奇，这份好奇心很容易驱使孩子展开行动。“自我中心思维”是处于青春期的孩子的主要特征，他们经常觉得“所有人都在看我”“我是最特别的”“我是主角”。其中像“我是主角”这种心理暗示虽然能给孩子带来勇气与信心，但也很容易招来许多危险。例如，孩子可能会认为“我跟别人不一样，不会有事的”“没关系，不会发生在我身上”，对本来应该仔细观察的事情放松警惕，认为那是对方对自己的认可与关心，轻易地就相信甚至依赖陌生人。

社交网站是一个能够让当今孩子展示自我与满足欲望的地方，尤其是对于没有时间和精力建立人际关系的孩子来说，没有什么比网络更方便了，它可以让孩子很轻松地拓展朋友圈。此外，由于孩子有时会被自己不喜欢的事情困扰，再加上在现实生活中每天都要与同龄人竞争的压力，社交网站自然便成了他们放松自我的选择。

在现实生活中，孩子可以放松的时间与空间是很有限的，因此父母要认同他们通过社交网络寻找能够展现自己的空间、与他人交流、见识更宽广的世界的方式。唯一要做的是教会孩子如何保护自己。

孩子常常通过脸书添加一些陌生的同龄人作为好友，其中不乏异性。在交往的过程中，一些人因为某些小事导致彼此的关系破裂，做出骂脏话、威胁、恐吓、将交往时的照片散布到网络上之类的举动。

父母必须让孩子明白，确认夸克或脸书使用者的真实身份是很困难的，所以他们很可能在不知不觉中成为犯罪分子的迫害对象；而且通过社交网络，所有隐私都会被迅速扩散开来，就算只是随手上传的一些个人言论，都有可能成为犯罪或言语暴力的证据，甚至可能面临法律的制裁。父母务必要让孩子知道，如果孩子在网络中遭遇人身攻击，一定要马上向父母求助，不要独自一人去面对，以免身陷危险而不自知。

长期使用可以任意改变自我形象的社交网络，会让孩子渐渐害怕在现实生活中以真实的模样和别人建立关系。如果孩子在与别人进行面对面交往时，对“如何自然地处理自己的视线与音量？如何理解他人的表情？如何分享情绪？”等问题感到不自在，他们就很容易躲回网络世界，形成恶性循环。父母应该多关注孩子这方面的表现。

最后，要让孩子知道完全删除在网络上留下的资料、隐私、痕迹有多困难，因此，无论是上传资料还是发布个人言论，都要经过深思熟虑后再行动。

为什么抽烟？大概是因为好奇和无聊吧

处于青春期的孩子抽烟大部分与家庭环境有关，借此来缓解压力，摆脱烦恼。

父母在帮助孩子戒烟时莫要唠叨、责骂、监视，达成共识寻找戒烟动力才是上策。

我在乘坐公交车上班的路上，有时候会不自觉地将目光转移到几个聚在角落的孩子身上，他们习惯用“早上抽一根烟”来开始一天的生活。我之所以会观察这些孩子，并不是因为他们违反了校规，也不是想要检举他们，只是想要倾听他们吸烟行为背后的心声。

曾经有一个上初一的孩子，因为携带香烟而被班主任带到心理咨询室。孩子说：“我第一次抽烟是在小学五年级的下学期，偷拿爸爸的香烟来抽。我也不知道为什么抽烟，大概是因为好奇和觉得无聊吧……在小学时还没上瘾，就算几天不抽也可以忍耐，但是到了初中，一天抽半盒、一盒左右。我有时候也想少抽点烟，一天只抽一根，但就是做不到。每当有压力时就想要抽烟……家人很烦我抽烟，我跟很多同学都玩不到一块，爸爸还会对我仅有的朋友说脏话。”

对此，不知道是因为无法接受孩子抽烟的事实，还是担心其他人对孩子的印象与评价不好，孩子的妈妈说并不知道孩子会抽烟。至于孩子的爸爸，只是用很威严的语气说“绝对不要再抽烟”，丝毫没有想要去了解孩子抽烟的原因，也没有想要找出能让孩子不再抽烟的方法。虽然爸爸的管教方式有问题，但是妈妈刻意隐瞒的行为对孩子也没有一点儿帮助，她好像也没有真心想要了解孩子为什么觉得无聊，为什么总是对一切都感到厌倦。

对于抽烟，孩子可能会说只是因为好奇或为了消除压力。但是想要了解孩子抽烟的真正原因，父母还是要找出让孩子感到烦恼或有压力的根源，例如家庭问题、同学关系或对学校生活不适应，等等。通常，大部分孩子的抽烟行为都是由家庭问题造成的，因为与家人的关系不好，想要从同学身上得到安慰与归属感，而香烟正是他们建立关系的媒介。所以，父母不要觉得孩子都是被朋友带坏才开始抽烟的，应该先想想“为什么孩子想要和这些孩子黏在一起”，并确定自己与孩子之间有没有需要化解的矛盾，了解他们是不是因为受到自己的情绪影响，或是因为周围人对他们期待过高而产生的心理压力与负担等才抽烟的。此外，抽烟很容易伴随饮酒、药物、性等问题，因此父母需要特别关注，不要想当然地认为青少年抽烟只是他们成长过程中的一个小插曲。

想要帮助孩子戒烟，父母需要多关心孩子，不妨先确认孩子是不是被强迫或在逼不得已之下才抽烟，接着再找出影响他们戒烟的原因。请记住，唠叨、责骂、加强管控或哭诉对孩子戒烟不但没有任何帮助，反而只会引起他们更强烈的反感，让他们更加抗拒。另外，也不要期待孩子只靠意志力就能成功戒烟，必须先和孩子在戒烟这件事情上达成共识，并一起找出戒烟的动力。如果孩子喜欢运动，可以借着运动让他们感受抽烟导致的肺活量降低、呼吸急促；也可以让孩子知道抽烟不只会让牙齿变黄，还会导致身高每年少长两厘米；等等。此外，如果能让孩子和朋友一起去戒烟门诊进行诊治，在互相帮助下戒烟会更好。戒烟的过程有时很漫长，父母千万不要气馁，要抱着“戒烟很难，但是一定会成功，我们会一直帮助你”的心态，为孩子加油打气。

我如果不化妆，朋友就不理我了

> 处于青春期的孩子化妆可能是为了追求美，也可能是为了表现自我、追求自我满足、弥补缺点。
>
> 父母不妨适当给予支持，并告诉孩子“就算你缺点比优点多，我还是喜欢你，你对我来说是无价的珍宝”。

外表对处于青春期的孩子来说非常重要，对他们的自我形象、在同学之间的定位、自信心都有很大的影响。曾经有一个来进行心理咨询的孩子说:“因为我不化妆，所以朋友不理我。”这个孩子从幼儿园开始就最要好的朋友，在上了初中后和她慢慢产生了距离，后来从别的朋友那里得知，她最要好的朋友曾说:“她都不化妆，和她一起走在路上有点丢人。”她虽对化妆没什么兴趣，但听到这句话后，却开始苦恼要不要为了迎合朋友学习化妆。

从这个例子不难看出，化妆对处于青春期的孩子来说有多么重要。在这个阶段，同学的影响力非常大，自己在集体中的表现以及别人的眼光攸关一切，如果表现得跟他人不一样，很容易会被排挤或遭遇欺凌。因此，一些人的化妆行为可能不只是单纯地想要表现自己，还源于同学的压力。

关于化妆的问题，我经常听孩子说："妈妈真的管得太多了。""别的同学也这样，为什么只有我不行？"而父母则说："我看书包里都是化妆品，所以就把它们拿走了，现在明明是不化妆也很漂亮的年纪啊。"其实，如果真要管束孩子化妆的话，那需要管的孩子实在是太多了。有的父母虽然想着"这孩子为什么这样呢？化妆有什么好的？你们这年纪就算不化妆也很漂亮啊，以后一定会后悔……"却因为害怕跟孩子发生冲突，与孩子的关系变得更糟，对孩子的化妆行为只得无奈地选择睁一只眼闭一只眼。

其实，如今化妆已经不再是大家认为的"爱玩的孩子"才会做的事情了。但是从父母的立场来说，她们看着拍上白皙粉嫩的粉饼、画着黑色眼线、抹着红色唇膏的孩子，心情的确会很复杂：一方面忍不住担心孩子太在意外表而忽略学习或发生其他问题，另一方面又要努力隐藏心中的不安。他们想尽办法对孩子说明为什么现在这个时期化妆不好，但是孩子不但听不进去这些话，反而觉得父母"又摆出大人的架势唠叨了"。

不过仔细想想，父母真的能自信地说"我们的立场是基于孩子的成长与健康最重要"吗？从某种程度上来看，我们是否更担心孩子浪费读书的时间，或是和不务正业的人一起吸烟、喝酒，以及和异性越规交往等？

孩子们也知道化妆对皮肤不好，也很清楚父母的反对与担心，可能也因为化妆的问题在家里和学校里都经历过许多摩擦与冲突。那么，她们无论如何也要化妆的原因到底是什么呢？如果父母一直将孩子化妆单纯地看成叛逆行为，就永远不可能了解她们的内心。这难道不是她们在成长过程中想要寻求自我认同的表现吗？这难道不是她们隐藏脆弱或缺点，想要变得更坚强、更有魅力的表现吗？如果孩子是基于以上原因化妆，父母或许不应该无条件地禁止她们化妆。

不过，化妆与修改校服裤子或裙子以让它们更合身还是不一样的，如果孩子认为只能靠化妆来表现自我、追求自我满足或弥补自身的缺点，时间久了有可能会演变成其他的严重问题。所以对于化妆问题，父母一定要谨慎处理，不能只是一味地允许，也要帮助孩子在不同的领域中学会表现自我，并帮助他们树立正确的价值观才行。

处于青春期的孩子只有在自己想做的事情得到认同以及感到被尊重时，才愿意听父母的话。如果父母只是不断地强调或要求孩子照做，孩子通常只会反抗并做出让父母更讨厌的事情。因此，对于化妆问题，同样需要通过沟通来解决，合理且有用的建议只有在良好的沟通中才会被采纳。

请父母们真诚地恭喜孩子逐渐成为一个大人吧，捕捉孩子将目光投向其他地方的时刻并且给予支持。也别忘了时常微笑着看向孩子，让他们知道："就算你的缺点比优点多，我还是喜欢这样的你，你对我来说非常珍贵。"

当孩子来心理咨询室时，我也会留意他们的外貌，因为衣着、打扮、发型等都是判断孩子的适应程度与精神健康指数的重要依据，而适当地打扮自己其实是爱自己的首要证明。

关键
对话 4

对未来心生畏惧

曾经的梦想去哪儿了？前途一片黯淡

处于青春期的孩子开始用现实中的标准来考量自己的梦想，会因自己的能力不足产生自卑感。

父母不要把焦点放在攀比上，帮孩子在众多能力中找到最棒的那一个吧。

我的女儿在上小学五年级，即将进入青春期时，有好长一段时间一直说要成为一个音乐剧演员，而且看起来很坚定的样子。但是有一天，她突然意志消沉地说："要在其他人面前表演实在是太紧张了，全身发抖，一点儿自信都没有，比我厉害的人那么多，我真的做得到吗？”等到了第二天，她又说自己有了新梦想，再次恢复开朗的笑容，而这次她的梦想是成为游戏设计师。处于青春期的孩子想要做的事情很多，想要实现的梦想也很多，他们开始渐渐地学会去思考自己在哪些方面更擅长。

处于青春期的孩子开始将这些从小保持着兴趣的梦想一一用现实生活的标准来考量，也开始对自己的能力产生无限的自卑感。有些孩子觉得自己的能力不足，所以就放弃了梦想，又觉得自己好像什么事都做不好，结果连做梦的勇气都没有了。在现实生活中，许多孩子都说自己没有梦想，或是已经放弃做梦。

“原本有的梦想都消失了，觉得自己好像什么也做不到，前途一片黯淡……”“在不久前还觉得自己什么都做得到，现在却觉得前途一片渺茫，就算跟现在一样继续念书，成绩还是一样差。觉得以后不管做什么都不会成功，虽然一直都有想要做的事情……”孩子们吐露心声时，显得没有一点儿活力。很多时候，孩子明明有想要做的事情，但是父母的反对打击了他们的自信心，也因此让他们放弃了自己的梦想。

我在学校时，常常会和即将升学的孩子们探讨一些问题，例如和他们一起回想自己的梦想变迁史，整理自己本来很感兴趣，但是因为某些理由而如流水般一去不复返的梦想。在这个过程中，可以发现孩子曾经有那么多觉得有趣的事情，也曾经拥有在某一瞬间觉得很酷、很美好的梦想，以及将来想要成为一个很棒的人的想法，但是因为一些原因，他们后来放弃了这些梦想。虽然随着时间的流逝，对一些事情的兴趣减少，可能也是放弃原来的梦想的原因之一。但是，周围的大人们总是对孩子们说“这个一点儿用都没有，不准做这个！”“想要做这个的话功课得要很好才行，你先提高成绩再说吧！”“做这个的话赚不了什么钱！”之类的话，也很容易让孩子放弃自己的梦想。

在成为初中生之前，曾经可以轻易说出四五个梦想的孩子们，曾经怀抱着许多梦想、朝气蓬勃的孩子们，到了初中却失去了自己的梦想，认为“没有什么想要做的”。但千万不能轻易认同孩子们说的话，因为这些孩子真正想要表达的很可能是：“虽然有想要做的事情，但是我做不到，因为我的功课不好，又没有什么才能，也没有钱。”

孩子在小的时候，总以为世界上没有自己办不到的事情，因此怀抱了许多梦想。在孩子的成长过程中，虽然无法只靠兴趣决定学习的方向，但并不意味着不需要梦想，父母不可以认为孩子儿时的梦想没有价值。不去考虑现实层面，单纯地想要当这个、做那个，让孩子自由地做梦，这些都会成为孩子的成长养分，让孩子的内心变得更加坚强。当孩子的成长期与幻想期交叠时，他们就会开始考虑自己的梦想是否符合现实，并且试着探索与尝试去实现自己的梦想。

孩子将来究竟会拥有怎样的人生，父母对此一定会觉得既好奇又苦恼。身为父母，我们必须思考如何帮助孩子，但是请注意，首先，不要把焦点放在攀比上，例如自己的孩子跟别的孩子相比有多优秀，而是要帮孩子找出在众多能力之中，哪一个能力比较突出。重点不是“有多棒”，而是“哪一个”。其次，绝对不能因为自己的梦想而去操控孩子的梦想，一定要认清孩子和自己是不同的个体。最后，对于孩子的梦想，父母不可急躁，虽然可能会觉得最好提前将所有事情都准备好，早一点儿做出决定，才能确定稳妥的发展方向。但是事实并非如此，让孩子不断地从自己的生活经验中确定梦想与实现梦想的方法，再去选择发展方向才是最重要的。

如果父母实在无法认同孩子的梦想，也不要一味地持反对的态度。一味地反对，只会在彼此之间筑起一道墙，孩子更不会与自己讨论他们的事情。如果父母不想因此与孩子的人生隔绝，请做到，首先，在孩子讲述自己的梦想时，诚恳地倾听，绝对不要表现出轻蔑的态度。其次，适时给予热烈的回应，可以向孩子说明自己的看法，但是不可以帮他们做选择。如果孩子已经很努力了，但是依旧能力不足的话，也要多多鼓励孩子，肯定他们现在做得很好，要继续加油。如果孩子有能力但是不够努力，则必须要确认孩子是不是潜藏着自卑心理或是自信心不足等问题，因为孩子的内心可能与外在表现不同，他们可能在某个方面受挫，或是无法达到自己的期待值、目标值，所以才会出现这样的状况。只有确定是哪些方面的问题，才能帮孩子走出困境，让他们充分发挥自己的能力。

未来的发展方向是需要经历漫长的选择过程才能确定的，青少年时期经历过几次梦想的改变是很正常的，父母不需要对此感到不安，在过往的许多选择与决定中，一定会有一两个对孩子现在做选择与决定有很大的影响。

功课不好，又没有特长，将来能干什么呢

各方面表现平平的青春期孩子，更期望获得他人的肯定，担心自己的价值不被认同。

请父母帮助孩子寻找优点，把焦点放在关心孩子的行为特征、态度、品行上。

“妈妈，像我这样功课不好，但也不是一天到晚在外面闲晃、无所事事的人，能上哪一所高中啊？”朋友在读初中的儿子这样问她。我不由感叹：“啊，原来孩子真的会这样想。”功课一般，没有什么特别的才能可以让他们在人群之中崭露头角，但他们也不会惹是生非。很多时候，我们最容易忽略的就是这些平凡的孩子。

那么，上面这种情况下的孩子，真正想表达的是什么呢？“妈妈，我的功课不太好，又没有什么特别的才能，一点儿自信心也没有，这样的我将来真的能独立生活吗？将来会不会一事无成，成为一个没用的人呢？一点儿用也没有的人，能做些什么呢？没有什么能做的事情，也没有信心把事情做好，该怎么办？但就算是这样，我这个人还算可以，不是太糟吧？”

在孩子成为初中生以后，父母大多会用学习成绩来评价他们，如果学

习成绩不好，即使他们在其他方面表现得很优秀，也很难获得父母的认同。就算孩子考了 80 多分，还是有许多父母觉得没办法接受。一些父母在孩子小的时候，就帮孩子累积了各种各样的学习经验，也会送他们参加补习班或者给他们请家教，但是成绩却并没有得到提升，这样平平的成绩令父母难以接受。虽然 80 多分的成绩并不算差，却“不够好”。就算父母知道不可能所有孩子在考试中都拿第一名，但是他们依然对孩子能否拿第一名耿耿于怀，认为就算孩子不能拿第一名，至少成绩得“优秀”。

在当今社会，对一个平凡、各方面表现还可以的人来说，要获得他人的肯定，并从而确认“自己是重要的人，就算保持原本的自己也不错”很难，不少孩子因此觉得痛苦、伤心。因为自己的价值无法被他人认同，孩子更容易做出极端的行为。

如果孩子的学习成绩不是很好，但也不是很差，好像也没有什么特别的才能，成绩甚至偶尔下滑的话，父母一定要更加照顾他们。

比起做其他事情，把焦点放在关心孩子的行为特征、态度、品行上会比较好，因为不是只有比别人好或是特别才能称作优点，再说这世界上并没有只有缺点的人。寻找孩子的优点也是需要练习的。在心理咨询人格计划里有一个“寻找优点”的活动，目标是通过这个活动让孩子知道，就算是微小的事情，也可以发现他人的优点。如“我们班 ×× 从小就会帮娃娃或是其他重要的物品取名字”“每次读你写的信，都觉得你真的很会表达自己的想法与心意”“朋友们不是常常会问你的意见吗？那代表你总是站在很公正的角度去倾听朋友的事情，而他们也很信任你”“你不会为了多得到一个点数而去多做什么，你做事情不是因为有好处，而是会从中找出自己真正感兴趣的事物并不断学习。知道去寻找并了解自己喜欢什么也是重要的能力”等。

从孩子的立场而言，在强调个性发展与学习结合的当下，如果在任何领域的表现都不突出的话，孩子就很容易变得畏缩，没有自信。希望父母们明白，除了在学校学习知识，还有许多其他可以发展的领域与值得参加的活动，别只把焦点放在读书、考试成绩或是某种特定的才能上，这样才能对孩子有所帮助。

我想当网络漫画作家，爸妈却告诉我“绝对不行”

处于青春期的孩子与父母在才艺学习上的分歧，源于“兴趣”与“期望学有所成”。

父母可以鼓励孩子把精力集中在自己想要做的事情上，培养他们敢于尝试的勇气。

我在孩子七八岁时开始让他们学习才艺，但这并不是因为他们有这方面的天赋，而是因为除了读书学习，他们似乎也需要有其他专长，我也希望借此提升他们的内涵及素养。

最近，至少拥有一项专长的社会风气盛行，把体育、音乐、美术等才艺纳入升学规划的情况也越来越多，很多父母除了培养孩子的专长，也希望孩子能在某些特定的领域发挥才能。与过去不同的是，现在许多父母会将专长视为孩子的升学途径，并且对此抱着很大的期望，也因此希望孩子能够学习比较特殊的才艺，将它作为未来的专长。

然而，在某种程度上来说，凭借特殊才艺、专长升学的道路很窄，孩子到了青春期时，往往因为才艺问题逐渐与父母产生争执。例如，孩子原本只是因为有兴趣、喜欢才学某种才艺，但是父母却对他们抱有非常大的期待，如果学无所成，父母就不想让他们再学习所选的才艺；看起来没有什么才能的孩子，突然对某种才艺、运动非常有兴趣，等等。这些都是导致父母与孩子之间发生争执的原因。

其实，想要分辨孩子在某一领域“究竟是与生俱来的天赋，还是单纯对这个领域感兴趣，或是因为花了很多时间练习所以才表现得优异”并不容易，因为他们可能在某一领域有天赋却没有兴趣，也可能是并没有天赋，却因为感兴趣与大量的练习，所以才表现得很好。但即使表现得不好，也绝对不能跟孩子说：“花了这么多时间、金钱和精力，为什么会这样？”此外，父母也有必要反思自己是不是无意间将自己无法实现的梦想强加在了孩子身上。

无论孩子选择了哪一个领域，如果父母希望孩子在该领域发挥才能，就不应该操之过急。即使是需要天赋的领域，父母也要客观地观察孩子的情况，对于进步比较慢或非常固执己见的孩子，逼迫他们实现父母的期望，达到父母制定的标准，反而很容易让孩子半途而废；而对于顺从的孩子，父母则可以帮忙设定目标。

如果孩子对某个领域充满热情与希望，例如，成为歌唱家、舞蹈家，或成为网络漫画作家，父母一定不能对孩子说“绝对不行”“你这样是不可能实现的”之类的话。即使孩子因为父母的反对放弃梦想，但这些话不仅伤害孩子与自己的关系，还很可能会让孩子对其他事物或挑战失去热忱，甚至可能会因为青春期的叛逆心理而走上歧途。

那么，如果孩子在父母喜欢的领域没有什么天赋，或是在父母不喜欢的领域有天赋时，又该如何做呢？请父母们仔细想想，虽然孩子对弹钢琴没什么天赋，但是只要一弹钢琴心情就会变好，这不是也很好吗？换个角度想，在当今这个时代，与没有梦想的孩子相比，孩子能够发现自己的才能，或是孩子能够找到想做的事，并且想在自己喜欢的事上尽情挥洒人生，只是因为这一点，不就很值得支持了吗？父母应该注意，不要把自己的期待和孩子的梦想混为一谈。

我想到女儿在青春期时，曾经也有很长一段时间因为自己的梦想、升学途径、未来等问题饱受困扰，偶尔也会因为觉得我好像认为她的烦恼没什么大不了而生气不跟我说话。我也想到学校里那个为了自己的梦想与升学而烦恼的孩子，这个孩子在朋友的影响下开始运动，每次运动时他都会觉得很幸福，所以想要以此作为升学的方向，却遭到了父母的反对。他不知道自己能不能坚持下去，但他仍然抱着就算只能再坚持几个月也想试一试的心态，把零用钱存起来去缴学费。就在他向我诉说这些事情的时候，我看到了他的眼睛闪闪发亮，和刚来时的神态完全不一样。

孩子处于青春期时，原本内心就充满不安，虽然从表面上看，他们好像对自己想做的事很坚持，其实内心却在怀疑自己能不能表现得很出色。

如果父母或其他人在这种时候对孩子说“这个因为这样所以不行，那个因为那样所以有问题”，他们很可能会失望地认为“反正我什么都做不好，事情不会顺利的，现在也没什么其他想做的事了”，以致最后失去信心，对任何事都表现出无能为力的样子。

“这个领域不行，没有发展的可能性，你就努力念书吧”，刚提到的那个孩子似乎就因为父母的反对决定不再运动，并说对凭借运动专长升学不再感兴趣了。但是他的学习成绩并没有因此变得更好，原本闪亮的双眼以及认真对待功课的态度也消失了，变得对一切都想敷衍了事。这难道就是父母所期待的吗？

即使孩子的梦想与父母期望的不同，当发现孩子拥有梦想，并想全心投入那个梦想时，请父母先给予认同吧。如果孩子决定要做某件事，虽然父母也有必要思考孩子的实际能力与自身条件、家庭的经济能力等现实层面的问题，但是不妨先试着支持孩子，并且请他认真对待自己的选择。父母也可以在考虑众多条件之后增加一两项自己期望孩子做到的事，例如，当孩子想要以运动为主时，可以要求孩子尽量不要疏忽学业，或是英语必须要达到某个程度，以用来搜寻与运动相关的消息或资料。要是以后真的遇到了其他现实层面的问题，可以再和孩子沟通，这才是让孩子愿意更加努力，也能够帮助孩子找到除读书以外其他自我发展的方法。有时虽然稍微绕了点儿路，但也是值得的，一定要让孩子有机会去尝试、去体验。

即使有时觉得孩子只是在浪费时间与精力，父母仍然应该对孩子的尝试感到欣慰。把精力集中在自己想要做的事情上，并从中获得成就感与前进的动力，这样的生活才会让人生更有意义，才能给人带来更多的快乐，同时也让人更加有勇气尝试其他挑战。

关键
对话 5

甩不掉的烦闷焦虑

心里各种担心与烦恼，根本无心做事

进入青春期的孩子烦恼会突然增多，而胡思乱想最严重的副作用是注意力无法集中。

父母可以尝试借用“解忧娃娃”或“担忧箱子”，帮助孩子找回内心的平静。

不久前，在练习“沉浸式体验”时，有一个孩子说：“我因为太爱担心，所以浪费了很多时间。”这个孩子就连平时睡觉时也在烦恼，结果让自己变得疲惫不堪。进入青春期，开始出现烦恼突然增多的情况，我的孩子也是如此。

担心与烦恼充满内心，以致疏忽了应该做的事情。这时，如果父母疑惑地说:“担心的时候，随便做点什么也好啊，这才是消除担心的方法啊！”孩子听后一定会很烦躁，觉得父母好像不把自己的烦恼当回事儿。

研究结果显示，有无烦恼与现在正在做什么无关，和胡思乱想的人相比，不胡思乱想的人幸福感更高。当全心投入做某件事情时，人们会觉得烦恼就好像消失了一样，认为可以凭借自己的力量把事情解决好，并有所作为，从而提升自己的做事能力。

问题是，我们很难做到“停止担心，将精力集中在眼前正在做的事情上”。当计划专心去做一件事时，你很快就会发现自己却想着或做着其他的事。其实，人保持专注的时间很短暂，要想专注于某一件事，只能不断地重新集中精力。例如，可以将必须要做的事或读书的时间分成 3 分钟、5 分钟，并用计时器计时，这样会让注意力提升很多，效果也很不错；如果可以制订更明确的目标，取得的效果会更好，比如，把“提高成绩”这个目标变得更具体：数学考试成绩达到 80 分以上，这样会更容易让人集中注意力。

积极地接受别人的帮助也有助于提升注意力。例如，在准备考试或是写作业时，孩子们往往很容易被手机吸引，放下正在做的事，开始玩手机。因此，不要太相信自己的意志力，在写作业的时候，最好把手机关机或是把手机放在拿不到的地方，也可以将手机暂时交给父母保管。

对于某些烦恼很多的孩子，父母可以借助“解忧娃娃”或“担忧箱子”，帮助孩子重新找回内心的平静。一个方法是，当孩子因为内心的各种烦恼而无法集中注意力时，可以请他们先想象自己把心中的忧虑都交给了“解忧娃娃”，然后把精力集中在该做的事情上。“解忧娃娃”是从危地马拉流传下来的一种由手工制成的迷你娃娃，据说将心中的担忧告诉“解忧娃娃”之后，睡觉时再将它放在枕头下，它就会帮助人们将烦恼的事情解决，让人安稳入睡。

另一个方法是，准备一个“担忧箱子”，设定一个开箱日。每当心生担忧或杂念时，就把它们写在纸条上并放进箱子里，然后继续做正在做的事情。这个方法能够帮助我们在瞬间集中注意力。等到开箱日那天，再回头看看那些写着烦恼的小纸条，就会发现那些烦恼早已解决了，或者某个烦恼在当时被自己放大了。其实，随着时间的流逝，我们会发现，很多让人烦恼的事情并不是太难解决。

其实，许多令我们忧心的事情发生的概率极低，让孩子们烦恼的事也一样，特别是一些个性比较敏感的孩子，他们忧虑的事情发生的概率更低。由于担心与消除担心的行动很难同时存在，所以最好让孩子知道，无论如何，只有先行动起来，才有可能找到解决问题的方法。

他们好像不太了解我，都觉得我好欺负

> 处于青春期的孩子会因为人际关系中的一点琐碎小事反应激烈，如果没有合得来的朋友，他们会觉得泄气、沮丧、痛苦。
>
> 父母要多向孩子传达他们有多美好，多值得被爱的信息。

我女儿曾经要我买一本与“在朋友之中最受欢迎的人”有关的书给她。她从小学三年级就开始为人际关系烦恼，不知道是不是得益于那本书，她后来交朋友的过程渐渐变得顺利了。不过，她因人际关系产生的烦恼仍然不少。五年级开学后的前一两个星期，她在认识班级新同学的过程中发生了一些不愉快的事情，一回到家便把心中的不快一股脑儿地全都倾吐而出。站在母亲的立场来看，她其实和其他处于青春期的孩子一样，即使是人际关系中的一些琐碎小事，也会让她产生激烈的情绪反应。

那一段时间我经常听到一些孩子向我倾吐人际关系方面的烦恼。新学期过了差不多一个月，孩子们之间的关系也有了许多变化，原本小心翼翼的状态不见了，距离感消失了，嬉闹声越来越大。但仔细观察，还是能感受到某些孩子的战战兢兢，这让我心里很不是滋味。当然，也有找到属于自己的小集体、得到安全感的孩子，但是，无法打入任何小集体或游走在

小集体边缘、感到不安的孩子也不少。另外，如果小集体中的某个孩子和主导小集体的孩子发生冲突，就很有可能会出现他被小集体中其他孩子疏远的情况。

新学期刚开始，很多孩子会选择和班级里比较强势的同学做朋友。在这当中，有些孩子虽然从表面上看和小集体中的朋友相处得还算融洽，但是他们的内心却有点勉强，因为他们的行为会被小集体中的一些人拿来开玩笑。但他们就算知道都是玩笑话，却还是忍不住心生压力，萌生“其实这些人跟我的个性好像不那么契合，他们好像不太了解我，觉得我很好欺负”的想法。即使这样，这些孩子却并没有主动脱离这个小集体的意思。

“跟他们一起玩很有趣，所以喜欢和他们在一起。而且如果有其他孩子欺负我的话，他们也会帮我说话，感觉这样很好。以前有些孩子总是觉得我很弱、很好欺负，但是现在因为跟他们在一起，那些曾经欺负我的孩子看待我的眼神也变得不一样了，还会主动地接近我。”

小集体形成后，人员并不会一直维持不变，通常在学期的中后期到下学期的初期，小集体的成员就会发生变化，甚至有可能“大洗牌”。如果错过了这个时期，之后一整年就不太可能变换小集体，会一直维持到下学期结束。离开原本所属的小集体，再打入一个新的小集体并不是件容易的事，很多孩子担心如果被新的小集体中的一些人排挤该怎么办，因此心生不安，以至于没有勇气去接受新的朋友。为了证明小集体中“我们之间”的强大凝聚力，许多孩子会用很不友善的态度面对不属于自己的小集体的其他人。不仅如此，小集体中还很容易出现一些排挤或是霸凌某人的情况，好像想要内部团结、有凝聚力，在外部就要树立一个共同的敌对目标似的。

和谐健康的人际关系是拥有快乐的校园生活的必要条件，对孩子而言非常重要。如果没有合得来的朋友，孩子会觉得泄气、沮丧、痛苦。因此，他们都希望自己能在集体里受到大家的欢迎，就算无法成为“人气王”，能跟受欢迎的人交朋友也不错。在受欢迎的人里面，通常包括了前面提到的“强势”的孩子。这些“强势”的孩子有着鲜明的自我主张，他们个性活泼，能够主导并让周围气氛变得更有趣，所以他们往往会对班级里其他孩子产生很大的影响。在这样的孩子面前，想要做不一样的事或表达不同的意见真的不太容易，要是与他们发生争执，也很难得到小集体中其他朋友的支持与帮助，很多孩子会因此受到伤害。

几乎所有的孩子都会羡慕那些活泼有趣、受欢迎的孩子，并希望自己能够成为那样的人。但是，如果和孩子们深入探讨他们所喜欢的朋友类型，就会发现很多孩子选择了与自己稍微不同类型的朋友，这些朋友大多有着共同的特点，那就是“善良、理解我、会倾听我说话”。

如果一些孩子因为对自己不满意，总是把目光投向那些很受欢迎的孩子，我们应该如何帮助他们呢？有个前来进行心理咨询的孩子，她以前曾被周围的孩子排挤，状况非常不好，直到有一天，住在一起的亲戚家的姐姐对她说：“我们 ×× 长得真的很漂亮呢！”听到这句话，她忍不住哽咽，眼泪唰地流了下来，她想不到世界上竟有人对自己说这种话，于是再度有了自信。不妨就从孩子最亲近的父母开始，向孩子传达他们有多美好、多值得被爱的信息吧，这样能让孩子的内心变得更坚强，拥有既能够保护自己又能够帮助其他朋友的力量。

那些欺负别人的孩子，其实内心大多隐藏着害怕被拒绝或被疏远的不安。他们从表面上的强势，其实是脆弱的表现，真的感到自在又有自信的孩子，是不需要靠攻击别人来展现自己的强大的。因此，当孩子遭遇朋友欺负时，需要先确认自己当下的感受，全然地接受并消化后再以不同的方式表达出来。例如，当朋友一句话都不说就走时，一定会有点儿不开心，但是下一次可以主动对朋友说："一起走吧，那天你先走了我有点伤心，是因为发生了什么事，所以才先走吗？"又或者，有时候朋友很爱喊自己讨厌的绰号，既生气又觉得受到伤害时，可以这么告诉朋友："每次当我听到那些话都会觉得很受伤害，我希望你就算是开玩笑时也不要说那样的话，好不好？"将自己的感受明确地表达出来，告诉朋友怎么做比较好。虽然朋友也可能完全不在意自己的感觉或请求，但即使这样，还是有所收获，因为可以借此分辨哪些人是尊重自己的。

不记得什么时候开始咬指甲、拔头发了

处于青春期的孩子之所以出现咬指甲、拔头发等自残行为，通常是由于心理压力过大或遭受排挤霸凌的缘故。

请父母一定要用心倾听孩子到底遭遇了什么，关注孩子行为背后所隐藏的真正含意。

让孩子受伤的原因通常分为心理和生理两个方面，因此，无法轻易下结论说“× × 问题就是因为这个原因造成的”。孩子内心所受到的伤害，会通过各种方式表现出来：有的人会出现攻击性行为，如欺负他人；有的人会紧闭双唇，与外界保持距离；也有的人会自残。

平常安安静静认真念书、认真生活的孩子，因为不太显眼所以很容易被我们忽略，无法马上发现他们的问题。曾经有一个前来进行心理咨询的孩子，他头顶的头发看起来怪怪的，原来他有“拔毛癖”，他经常无意识地拔头发，也许是因为这种情况已经持续了一段时间的关系，他的头发变得稀疏，甚至开始脱发，不用说也可以感受到这个孩子内心的痛苦。

“上四年级时，有一段时间遭遇到霸凌，从那时开始，我的性格变得很内向。因为难于跟爸妈开口，班主任也没有发现这件事，我就一个人撑过了那段时间……难于向爸妈开口，因为他们都忙于上班，来学校送我时还要特地挤出时间。而且我是独生子，爸爸妈妈对我的保护有点过度，所以很担心他们知道后会反应过于激烈。……上五、六年级时，我虽然交了一些新朋友，但是无法完全相信他们，就算朋友有时会找我一起玩，但我大部分的时间都是一个人独处，然后就有了咬指甲的坏习惯……拔头发是从六年级开始的，好像与补习功课的压力有关系，在学校和家里要读的东西也变得很多。……最近，在课堂上或课下读书的时候，我就会拔头发。”

因为父母工作很忙，这个孩子从小就经常一个人待着，他还记得自己在幼儿园时，放学后总是在幼儿园待到很晚，不安地等妈妈来接自己回家。等到长大一点儿，被同学排挤或欺负时，往往因为担心问题变大，不敢轻易向父母或老师发出求助信号。我问他：“为什么不能让问题变大？”

他说："我没那么脆弱，而且我不想让同学陷入困境。"

即使在心理咨询室讲述自己的过去时，这个孩子也并没有表露出太多的情感，只是在想要掩盖内心的不安与愤怒并重新找回安全感时，会出现咬指甲、拔头发的行为。这个孩子尽最大努力，想让一切事情看起来像在自己可以承受的范围内。

造成拔头发的原因也分为心理和生理两个方面，也可能是二者的共同影响，不过可以确定的是，这个孩子开始拔头发与心理压力有关，压力越大症状越严重。至于为什么无法靠意志力制止这一不良行为，是与冲动控制障碍有关，因此需要积极地介入治疗。冲动控制障碍是指某种冲动造成人的紧张感上升，患者为了缓解紧张感，使自我得到满足，从而不断重复某种动作的行为，如果在出现该症状的初期没有接受适当的治疗而转成长期的症状，很可能会导致严重的后遗症。至于脱发症状，很可能和人际关系、社会交往等因素有关，需要从精神科切入，并结合皮肤科进行治疗，视病情的严重程度，有可能需要服用药物，也可能需要通过行为治疗来改善症状，或者需要通过心理治疗调整消极的自我形象或自尊心缺失等问题。

拔头发是一种自残行为，需要引起父母的高度注意。发现孩子有拔头发的行为时，不要只是对孩子说"这是坏习惯，要靠意志力控制"，也不要一味地批评、责骂，或对其他已经养成的、不容易改变的行为追根究底，这样只会让孩子对自己的行为感到羞耻，更想隐藏自己的内心。应该让孩子知道拔头发的危害，并真诚地表现出想要帮助他们的心意，同时与他们探讨，找到可以帮助他们停止这一行为的方法，并付诸具体行动。

帮助孩子最好的方法，就是了解孩子到底发生了什么事情。所以，请父母们用心倾听孩子行为背后所隐藏的真正含意。

爸爸妈妈只凭自己的判断就带我去医院，太可怕了

处于青春期的女孩比男孩更容易忧郁和不安，她们的情绪调节能力相对较弱，对生活的满意度更低。

父母即使再忙，也不要频繁使用“赶快结束这场对话”的沟通方式敷衍孩子。

“我们家没有什么太大的问题，夫妻关系很好，我们也很关心孩子，实在不知道到底发生了什么事情，真的无法理解孩子为什么会这样？”“是因为太宠他，给他太多关爱了吗？”“是因为太严格了吗？”……我经常听到某些父母像这样不停地反思自己，想要找出理由来解释孩子的某种行为。当然，有时候父母可以轻易找到影响孩子的个性、行为或态度的原因，有时候却很难找到特别的理由。当找不到时他们的内心会很不痛快，因为只有找到理由，才知道该怎么应对孩子出现的问题。

孩子在意想不到的情况下，突然大发脾气或是紧闭双唇，父母肯定很慌乱，不知道该如何了解孩子的心情与行为，也不知道该如何靠近不肯轻易敞开心扉的孩子。到底有没有什么方法，可以让父母有效地掌握孩子情绪起伏的周期呢？

首先，父母要确定自己是不是已经准备好倾听孩子的心声。在太忙、有其他事情要操心，或是筋疲力尽的时候，父母很容易在谈话结束之前就轻易地下结论，而这在孩子看来，还不如什么都不说。孩子一直默默地忍耐，直到受不了才吐露心声，但是受伤的心不仅没有得到父母充分的安慰，还被随意下了结论，当然会感到委屈，闷闷不乐，即使这个结论是孩子想要的。这都是因为孩子的情绪并没有被父母充分地了解，而父母缺少了与孩子感同身受的过程，所以孩子心里的芥蒂不但不会消失，还有可能会因此疏远父母，这也是他们越大越不会轻易将心事告诉父母的原因。

所以，不要为了解决问题就急急忙忙地妄下结论。在很多时候，孩子并不是很在意问题能不能得到解决，他们只是想要获得安慰罢了，希望父母能够理解他们有多累、多伤心，也希望父母能够关心他们或为他们担心。当然，这并不代表父母就不用帮孩子解决问题，而是不要刚开始就把焦点放在解决问题上面，这很容易忽略孩子受伤的心灵。

其次，父母即使在想要了解孩子的内心世界，并屡次和孩子进行沟通，却还是被孩子拒绝的情况下，也绝对不能因此长时间不管孩子。虽然是孩子先拒绝与父母沟通，但放任不管只会让孩子反过来埋怨父母，责怪他们不安慰自己，忽视自己。孩子很容易这样：一方面觉得父母完全不了解自己，无法与他们展开沟通，实在是太讨厌了；另一方面又为父母明明就在身旁，却完全不关心自己而感到难过、受伤害。孩子是绝对不会抛弃父母的，因此，父母不能只把目光放在孩子拒绝沟通的行为上，有时候可以给孩子一些信号，如告诉他们："如果想要暂时独处也没关系，但是妈妈还是想要跟你聊一聊，听听你内心的想法。"

最后，即使是在和谐的家庭环境中成长的孩子，也可能会出现受伤害或是父母不理解的情形，而那些没有被理解、没有被消化的情绪，会在某一瞬间转化为冲动行为，很容易为自己或是他人带来负面的影响。共情、理解与支持，对于消除破坏性与冲动性的行为是比较有效的方法。世界上没有完美无缺的父母，而父母对孩子的影响力非常大，所以父母一定要全力以赴，尽到自己的责任。

我每天在学校里面对许多孩子，经验也算丰富，但是我和我的孩子在沟通时并不都是很顺畅的。其实在不久前，我的女儿还对我爆发过不满。我那一段时间非常忙碌，在精力不足的情况下，我还是尽可能地在孩子对我说话时给予回应。那次的大爆发大概就是孩子不满的情绪一点一滴累积的结果吧。那一天，女儿气嘟嘟地重复着前一天晚上刚讲过的事情，她说自己好不容易度过超级累的一天，刚躺下玩会儿手机，想要休息一下，爸爸就开始碎碎念。我心想，这孩子又开始埋怨了，就以"只想赶快结束这场对话"的方式和女儿说话，结果她居然大哭了起来，说我又在敷衍她，说她真的很累，很想死掉算了。

过了一会儿，我走到女儿的房间，坐在她的床边，对她说："你想说的话很多，但是感觉好像没有人在乎，对不对？"她回答："对。"接着又说自己的好朋友面临更困难的状况，虽然和她相比，感觉自己的烦恼好像并不算什么，但是也想说出来，而和爸爸讲有点尴尬，和奶奶讲又怕奶奶太操心，“想来想去，好像只能跟你说了，但是最近你连和我说话的时间都没有”。

她接着向我吐露了其他的一些烦恼，如不知道是不是因为到了青春期的关系，明明不是什么大事，心情却经常突然变得很差，觉得自己很不幸；朋友、家人甚至身旁所有人的行为都让自己觉得很烦、很讨厌，很不顺眼；以后想要从事与美术相关的工作，可是不知道自己到底有没有这方面的才能，很担心长大以后究竟能不能从事这方面的工作。

有研究指出，处于青春期的女孩的忧郁指数与不安指数普遍比男孩高，在情绪调节方面的能力相对较弱，对生活的满意度相对较低。其实不只是我的女儿，许多处于青春期的女孩在压力之下都会显得特别脆弱，情绪也变得非常敏感。研究结果还显示，比起经济上是否有困难、是否为单亲家庭等因素，父母是否支持子女对孩子的影响更大。因此，虽然帮助孩子解决问题很重要，但是在解决之前，先让孩子尽情吐露心声吧。

不过，当孩子吐露心声时，并不是喊“开始！”他们就可以一股脑儿地把心里话全都说出来，因此，父母应该耐心地观察并引导他们。如果孩子需要进行专门的治疗，一定要认真地倾听他们对这件事的想法。曾经有一个来心理咨询室的孩子告诉我他上小学时经常去医院的事情，“爸妈只凭借自己的判断就带我去医院，我觉得很可怕，会担心是不是自己精神上有什么异常”。要是孩子对心理咨询或是精神治疗有偏见或感到害怕时，父母一定要适当地引导孩子，让孩子感到安心，如果不这么做，治疗对孩子来说反而会变成一种更大的心理负担。

关键
对话 6

吓到自己的疯狂念头

会在脑海里想象暴揍他，担心自己真的会去做

处于青春期的孩子患强迫症并不罕见，他们往往对当下的自己感到不自在甚至心生畏惧。

父母不要因为“我的孩子该不会是出大事儿了吧？”这样的想法回避问题，错失帮助孩子的最佳时机。

一些发生在小学时期的事情，我直到现在仍然记忆犹新。例如，担心一进厨房，就会有菜刀飞过来，以至于每次要去厨房时，都要像念咒语一样在心中不断默念“才不会！”曾经太胆小了，即使在炎热的夏天，睡觉

时也会用被子把自己盖住，只露出一双眼睛，即使知道没有吸血鬼，仍然担心不那样盖被子就会遭殃；一定要按照人行道上砖块的花纹，以右脚、左脚的先后顺序走，如果不那么做就会觉得有坏事发生，所以那时的我总是很坚持自己的“仪式”。我现在虽然已经是成人了，但还是会有一些自己的“仪式”。例如，早上上班时，即使出门比较晚，也一定要在左转交通灯亮起前通过某个地方，认为这样既不会迟到，当天还会很顺利。

来心理咨询室的孩子中，像我一样有轻微强迫自己思考或行动的孩子也不少，有些孩子情况比较严重，甚至被建议去医院接受诊断及治疗。曾经有一个外表看起来很安静，在学校很乖巧、模范的孩子，来找我进行心理咨询。她说“脑子里经常有不好的想法”，我问她是哪些想法，她说“会在脑海里想象暴揍某个人，很担心自己真的会去做，觉得头很晕”。她的话让我十分担心，这个孩子到底内心是多不安与担忧，才决定来这里进行心理咨询？她还说从小学开始，就经常忍不住想“人死了的话会怎么样”，还记得某天一个人在家时又想起那个问题，因为实在是太害怕了，就忍不住大哭了起来。

强迫症的特征是会一直重复不断地出现某些想法（强迫思考）或行动（强迫行为），即使知道某些事情在现实生活中不可能发生，也知道它们是不合理的，但就是没办法控制自己不去想它们，甚至为了控制自己不去产生某些想法，会做出一些强迫行为。强迫症有可能是心理因素引起的，近来也有研究指出，强迫症可能是脑部机能问题所造成的，还有可能是受基因方面的影响。虽然如此，父母有强迫症并不意味着子女也一定会出现强迫症的症状。强迫症并不罕见，实际上，许多人都有强迫症的倾向，差别在于是否严重到会对一般日常生活造成影响，例如会不会对学业或人际关系造成影响。

有强迫症症状的孩子，通常会对当下的自己感到不自在，甚至心生畏惧，因此并不轻易与他人分享自己脑海里不好的想法或奇怪的举动。在强迫症发生时，他们会选择默默忍耐，独自撑过去。也因为这样，当孩子主动说出心中的痛苦时，千万别单纯地以为这些痛苦只是源于压力。另外，像“会过去的，靠你的意志力去克服吧！”这类话对他们一点儿帮助也没有，反而会让他们更想隐藏自己的症状，从而导致内心更加痛苦。强迫症的症状会持续反复地出现，越不想去思考，大脑越会不自觉地去思考，因此并不是简单地靠意志力就可以解决的。

要父母接受孩子有强迫症并不容易，很多父母会试着用“孩子只是个性比较敏感，这只是暂时的问题，会随着时间自愈的”说服自己，也有些父母因为害怕孩子对这一症状的反应太过敏感，就假装这不是什么大问题。父母必须要确认，这些想法是不是因为自己内心深处产生“我的孩子该不会是出什么大事了吧？还是精神上有问题？”这样的想法而感到不安，才无法正视孩子的症状与痛苦。父母的不安，除了导致孩子无法适时地接受专业的诊断与治疗外，也很容易在无意间传达给孩子“要忍耐过去”的信息，而孩子则因为不想让关心自己的父母失望，所以即使症状变得严重，也不会开口求助他们。

父母应思考该采取哪种方式才能真的帮助孩子，并要给予因为各种强迫症状而感到恐惧不安的孩子以适当的支持。可以告诉孩子“忍都忍不住，真的很辛苦吧”“有这种症状不代表你很奇怪，很多人也经历过，只要好好接受治疗就可以了”，从而让他们感到安心。另外，当孩子无法控制强迫性的思考或行为时，千万不要对他们发脾气，或是责怪他们意志力不够坚定。最后，要帮助孩子找到适当地缓解压力的方法，虽然压力不是造成强迫症的主要原因，却有可能诱发强迫症状的发生。

这样的想法不对，但真的希望他体验一下那种痛

> 假期开始前往往是处于青春期的孩子情绪爆发的高发期，“再也无法好好掩饰情绪”是他们当时的典型心态。
>
> 父母不妨陪孩子写下想做的事情，并通过互相敦促、互相帮助完成它们。

马上就要放寒假了，我很好奇曾经来心理咨询室的孩子们是不是马上得以喘口气了呢？但往往到了学期末，特别是一整个学年的最后，即使是到放假的那一天，还是会发生许多突发事件，有时甚至在假期初的几天，还要在学校里和孩子或家长见面。每当这时候，我难免想：“唉，怎么现在才……早一点的话就能好好地介入并解决问题了。”但我又能理解，这都是因为孩子们一直在很努力地忍耐，直到受不了了才彻底地爆发出来。

在学期初对陌生的环境充满警戒与不安而变得敏感的孩子，在学期末

经常会因为一直以来不断累积的压力而表现出烦躁与愤怒的一面，或是饱受忧郁与疲倦的折磨。一些表现出愤怒的孩子，有时候只是因为被朋友瞄了一眼就大发脾气，怒气冲冲地质问朋友“干吗瞪我？”而这时候无论朋友回答什么，他们都不会满意。要是朋友回答“我没瞪你啊”，他会说朋友在撒谎，要不就说朋友很没有礼貌、很傲慢，然后变得更生气；要是朋友因为害怕而默不作声，他会说“你现在是在无视我吗”，并气得不得了。有时候，有些孩子只是在走廊上不小心被人碰到了肩膀而已，却说自己被攻击，立刻以拳头回报对方。

而一些表现得很忧郁的孩子，因为无法控制内心的不安与愤怒，只好用眼泪表达自己的复杂心情。他们的眼睛就像坏掉的水龙头一样，眼泪不停地流下来，仿佛要把这段日子所承受的一切痛苦全都通过泪水倾诉出来。“最近只要看到那个人，就会有一股烦躁又生气的感觉涌上心头。回想当初所遭受的一切，也会想到报复，虽然这样的想法是不对的，但是真的很希望对方也可以遭遇跟我一样的痛苦”，这些孩子偶尔也会这样说。有时他们会出现头痛或注意力不集中、无精打采、有气无力、食欲不振、反胃想吐、轻微感冒等症状，就算去医院诊治，医生也只是说这些是因为压力造成的。

孩子就这样在“再也无法好好掩饰情绪”的状态下放假了。虽然假期短暂，但这段时间至少能够让孩子们有稍微喘息的时间与空间，所以大部分孩子都期待着假期的到来。在这段时间，孩子可以暂时不去思考在学校发生的一切，可以暂时从人际关系的跷跷板上走下来，把注意力重新集中在学业或其他领域上；或者利用放假时间提升自己的安全感和自信；或者每天晚睡晚起，一整天都在玩电脑或手机，过着“电子废人”的生活。

孩子们虽然厌倦了内心的烦恼和痛苦，却依然在痛苦之中很努力地继续做着自己的事。但是从父母的角度来看，他们因为担心孩子的未来，很难忍受孩子放假时无所事事的状态，希望孩子即使不读书，至少也要充满活力地去做点儿什么，认真生活。这种想法其实很可怕，父母完全是为了让自己安心，而要求孩子不停地运转，这也是许多父母无法轻易放手这些在学校因为学业与人际关系早已疲倦不堪的孩子，让他们自由自在地想做什么就做什么的原因。而孩子们虽然想将自己经历的不安与烦恼说出来，想寻求安慰，但是周遭的氛围并不容许他们说出口，他们最后干脆紧紧闭上嘴巴，躲起来独自舔着伤口。

“请多一些和孩子一起度过的时光”“请和孩子一起去旅行吧”这类的建议虽然有用，但是每个家庭的情况并不一样，不是说孩子和父母在一起的时间多了，孩子的世界就一定会变得更宽广。不妨问问孩子：“这次放假时想做些什么？多加强哪些方面的学习会让下学期稍微轻松一点儿？”如果平时与孩子不聊这些的话，那么不要只问一次，要试着多沟通几次。我在学校问孩子们这次寒假想要做什么事时，孩子的回答有：“连续睡两天”“缩短睡觉时间”“消除痘痘”“减肥、塑造腹肌”“被邀请去朋友家玩”“和朋友们一起去海边玩”“家族旅行”“看没有字幕的日本卡通”“打扮得很漂亮，去东大门设计广场和模特儿们一起拍照”“考历史能力测验”“去补习班不要迟到，好好听课”“预习与复习功课”，等等。其实，父母在家里也可以这样做，让每个家庭成员写下各自想做的事，然后在彼此的帮助下完成它们，只是这样做就已经非常有意义了。并不需要时时刻刻向外寻求值得学习的典范，有时候只是在生活中，让孩子看到父母为了他们的大小事而不断地付出与行动，就足以让他们学到很多。

与青春期孩子的18场关键对话

第二部分

青春期的校园社交困扰

关键
对话 7

被迫花式攀比

哪有啊？太夸张了吧，你这也叫胖

“被比较”会在处于青春期的孩子心里留下很多伤痕，而父母、老师、朋友、甚至孩子自己都在有意无意地“作比较”。

父母需要让孩子明白“最好的朋友是自己，要和自己成为最好的朋友”。

在我上小学六年级时，我的身高就和现在差不多，看上去像一个很成熟的姐姐。大概是因为当时的经历，所以一直以来，虽然身高的问题给我带来了诸多不便，但我却从来没有为此感到自卑或因此心生压力。然而，我一直很在意的是，我的手长得不够漂亮，还记得以前班主任检查手指甲的时候，我总是为怎样才能让我那双丑陋的手少露出一点儿而感到战战兢兢，即使班主任根本不在意我的手是否漂亮……

我和学校的孩子们曾经一起组织主题为“不要比较”的活动，这个活动改编自一个搞笑综艺节目里人气很高的“四个理由”单元。它能够让人们通过练习，学会包容自己的缺点，并勇敢地在他人面前说出自己的心里话。

“这个世界为什么都不喜欢安静的人呢？对！没错，我很安静，所以大家总是对我说‘你为什么这么安静啊？先试着去跟朋友讲讲话，打招呼试试啊’我也知道，我也想这样做，但是不知道要讲什么话，怕自己自作多情先开口跟对方说话，结果拿热脸贴人家的冷屁股，人家根本不搭理，所以我经常为此犹豫不决。但就算是这样，只要和我相处得久一点，熟悉之后，你就会知道我其实也是一个吵吵闹闹、话很多的人。所以，不要再误会我啦，我是一个内心很澎湃又爱讲话的男子啊！”

类似这样，一边承认自己的缺点，一边鼓起勇气，大大方方地向把这个缺点视为问题的人们说出自己的委屈，爽快地吐露自己的心声，让人听得很痛快，也觉得很有趣。

上述的孩子通过“不要比较”的活动表达出了自己的心声，虽然他很平静地发表演讲，但是台下响起了雷鸣般的掌声。参加活动的每个孩子都像这样，把自己的缺点写成一篇演讲词。孩子们说了很多自己的缺点，比如眼睛小、个子矮、长得丑、很胖、长了很多青春痘、功课很差、额头太宽、视力很差……他们一边害羞地说着自己的缺点，一边为自己辩驳，大家很享受这个过程，都很开心。有一个孩子念着自己写的演讲词，竟然忍不住哽咽起来，无法再继续念了，在这样的情况下，有的孩子用笑声来调节气氛，有的孩子带着惋惜与安慰的语气发出“啊——”的叹息，有的会说“没关系啦”，或是说“是谁说的？哪有啊！”给予积极的鼓励；而当有的孩子其实一点儿都不胖，却说“对！没错，我很胖”时，其他孩子会在台下说“哪有啊？太夸张了吧，你这样也叫胖？”。孩子们通过这样的活动，了解到其他孩子的苦恼，明白了其实每个人都有自己的烦恼，就会产生认同感，觉得大家都是相似的。

把孩子与其他孩子做比较，会在孩子心中留下许多伤痕。其实，即使父母、老师不拿孩子与他人做比较，孩子也会在不知不觉中把自己与他人做比较。有一句俗话“最好的朋友就是自己，要和自己成为最好的朋友”，不妨温柔地拥抱那个和他人比较、竞争的自己，轻轻地拍拍自己，鼓励自己吧。虽然有人紧紧地拥抱自己是一件很棒的事，但是如果无人给自己拥抱，能够用自己的双臂好好地拥抱自己、安慰自己，同样很好。

三年级还背着一年级的书包，被同学嘲笑

追逐“名牌”是处于青春期的孩子互相攀比的常见行为，

既要追随流行趋势，又要凸显自己的独特之处。

如果父母负担不起，最好诚实告知，引导孩子内外兼修。

在女儿刚上初中时，我曾听她提起班里同学的妈妈都会给他们买自己想要的名牌运动鞋、书包等。这让我想起很久以前的事，忍不住有点遗憾。我儿子在上小学三年级时，他的好朋友让我儿子不要靠近他，还在桌子中间画了一条三八线。他先是问我儿子为什么只带用过的彩色铅笔和签字笔来学校，后来又嘲笑他为什么还在幼稚地背一年级背过的书包。我儿子为此很生气。这不禁让我思考，将他一二年级用过的彩色铅笔凑满十二种颜色装进书包的我，是不是太神经大条了？也因为这一件事，女儿每升一级，我都会帮她准备全新的文具用品、书包，就连衣服也会帮她添置一些新的。

一直到前几年为止，穿什么牌子的衣服在孩子当中还是个热门话题。虽然现在校服已经由学校集体购买，但是孩子对于其他东西的追求还是一如既往，他们既要追随同学间的流行趋势，又要凸显出自己的独特之处，从青少年时期的自我同一性发展特点来看，这是很正常的现象。

虽然比起外表，很多父母都希望孩子更重视自己的内在价值，但是在这个物质生活相对富足的时代，想要让孩子们了解这个道理或体会物资匮乏的滋味并不容易。孩子要求买名牌衣物等，大概也是因为还不懂内在价值的重要性，而身为父母的我们，一方面怕弄巧成拙，打击孩子，另一方面又担心自己的孩子会因此被瞧不起或遭遇霸凌。

父母如果负担不起孩子想要的东西，请诚实地对孩子说明情况，例如，“因为这个情况，所以我们没办法买，现在只能做到这样。就算觉得很委屈，我们也要一起忍耐、一起努力，以后一定会变得更好的”。“自己辛苦些没事，只要孩子满足就好，何必让孩子失望”的想法是对孩子没有帮助的。要是勉强对孩子有求必应，孩子将无法体会父母的处境，也无法体会父母的难处，会觉得自己的欲望得到满足最重要，于是更加盲目地向父母提出其他要求，或是因欲望得不到满足而埋怨父母。

就算家境允许，父母如果对孩子有求必应，则很可能会无法培养孩子的自制力，或给孩子树立错误的价值观，甚至可能让孩子养成喜新厌旧的习惯。在买东西之前，父母应该问问孩子是不是真的需要，还是只是单纯地想要拥有，通过让孩子思考这些问题，帮助他们确认是不是必须要买某个东西。

通过这样的练习，孩子将不只注重外在的表象，也会重视内在的价值。如此一来，孩子每次得到想要的东西都会很开心，并会好好珍惜它们，使用时也会更加爱惜；当无法得到想要的东西时，虽然会有点遗憾，却也能慢慢地接受，甚至找到替代品，以满足自己的需求。当孩子明白想要获得某样东西需要付出与等待，他们才会更明白什么是可以舍弃的。

我最要好的朋友，突然跟别人关系更好了

处于青春期的孩子进入新环境时容易对人际关系感到无力、不安和烦恼。

父母应该给孩子足够的安全感，在他们内心种下“可以克服困难”的种子，孩子自己的勇气往往比父母的方法更容易达成目标。

我想起自己在初中入学的第一天，虽然表面上假装什么都不在乎，看起来很冷静的样子，其实内心却很紧张。后来很长一段时间都不敢开口说话，只是默默地站在操场上，跟着大家一起排队。直到有一个来自不同小学的同班同学主动对我表示友好，向我伸出友谊之手，在她开口跟我说话的那一刻，我好像解开封锁一般，开始了全新的初中生活。

根据心理调查结果显示，孩子在学期初时经常会感到紧张不安。对处于青春期的孩子而言，除了学习的压力，同学之间的关系对他们的影响也很大，很容易给他们带来困扰与不安。

“妈妈，我上初中以后可以交到朋友吗？”相信许多家长，尤其是家中有女儿的家长，一定经常听到这句话。曾经有一位家长说：“第一次听到时有点心痛，后来每年新学期开学都听到同样的话，就不以为意了。老

实说，现在有时听到后还会对孩子发脾气。”其实，这位家长所说的情况，很可能是虽然担心，却无法帮上忙而心生挫败的表现。

不久前，有个来做心理咨询的孩子，他和最要好的朋友就读了不同的初中，但现在好朋友好像和别人的关系更要好，这让他很烦恼。新学期已经让人很不安了，如今连友谊也动摇了，他因此有些心力交瘁。

这让我想到另一个学生，他在开学后不久就因为人际关系问题来到了心理咨询室。能和小学时一个很要好的朋友分到同一个班级，他本来很开心，但是好朋友在和其他同学相处时，似乎比和他在一起时还要开心，有时好朋友甚至会讲一些关于他的坏话。这个学生总是忍不住很在意这些，为此很苦恼，他很担心这样下去无法交到可以在一起玩的朋友，变成孤单一人。

“其他孩子和同学交往时，自然就变熟悉了，好像不用花费太大的精力就可以和他人交朋友，为什么我想交个朋友却这么难呢？觉得真的好累、好痛苦。”像这样对人际关系感到无力、不安、烦恼的孩子，不知不觉中就会萌生“好想改变自己的个性”“干脆转学从头开始算了”“好想到一个没人认识我的地方重新开始”之类的念头。

如果这时跟孩子说“主动跟他人交朋友不就行了？”“不要花时间想那些有的没的，把精力花在念书上吧。”“现在不交朋友没关系，以后再交就可以了，”对孩子一点儿帮助也没有，反而会让他们逐渐闭上嘴巴。其实，孩子想要表达的是：“其他孩子都有要好的朋友，要融入他们真的好难。”而父母和老师却听不出来他们真实的想法，这让他们很郁闷。

一些孩子因为没有可以一起玩的朋友，每天都担心着一些问题：独自一人上下学，在他人眼中是不是很怪？一个人去教室上课或吃午饭时，该用哪种姿势，看向哪里？在如此不安的状态中度过漫长的一天，对他们而言真的很痛苦。遇到这种状况，父母首先要做的就是认同这种烦恼绝不是鸡毛蒜皮的小事，对孩子在学校里的遭遇表达关心。很多时候，只是理解孩子的心情，就可以让他们重拾信心去适应新的学习环境。

友谊关系会随着孩子的成长而改变。从幼儿期开始，直到长大成人，每个阶段的情况都不同。到了青春期，友谊关系会渐渐在本质上发生改变，比起外部因素，孩子更容易受到心理因素的影响。

儿童期的友谊关系多半是以生活、游戏为重心而建立起来的，例如彼此的家庭成员互相熟识或住得很近，或是上课时座位相邻，每天都会见面，自然而然地发展成了朋友。但是到了高年级，孩子们会认为只有和自己兴趣相投的人才能成为朋友。而在青少年时期，所谓的朋友则是“心灵上的朋友”，孩子们会渴望一种能够深入了解彼此内在的关系。对女孩而言，分享彼此的情绪或秘密会让友情变得更加深厚；而相比于表露自己或分享情感，男孩更倾向于通过群体活动，表达义气，从而让友情更为深厚。孩子们必须经过这些阶段，才能让自己在友情里不受依赖与归属感的拘束，也才能更加自在地维持他们互相尊重的关系。

那么，究竟如何交到好朋友，并成为他人的好朋友呢？孩子一天中花费在教室里的时间最多，所以最好在教室里找到和自己相处得来的朋友。如果只是等待他人主动走近自己，或是因为焦虑不安就放弃自己的择友标准，抱着先混熟在一起玩再说的心态与人交往，就有可能在相处的过程中受到伤害。鼓励孩子主动向人打招呼，试着让他们了解在与人交往的过程中，每个人建立友谊关系的速度都不一样。有些孩子很适合集体活动，在集体中感觉很自在；有些孩子只喜欢和好朋友待在一起，不愿和其他人交流。当孩子属于后者时，最好试着了解一下是因为孩子与生俱来的性格，还是因为某些不适应导致了这种情况。

当孩子对人际关系感到困惑和犹豫不决时，如果只是盲目地要他们积极主动，把他们硬推出去，反而容易出现反作用。父母应该让孩子明白，在生活中难免会和朋友产生分歧和争执，这时候尽量不要把事情想得太严重，要避免单方面地绝交或逃避问题，试着用从容的态度面对与朋友的关系。实在解决不了的话，不妨冷静一下，也许会取得更积极的作用。

许多在小学时会将新学期的不安告诉父母的孩子，在步入初中、进入青春期之后，往往不再分享自己的心事，只会说些父母能接受、听得进去的话。孩子不愿意分享心事的原因有很多，例如，不想让父母担心，觉得丢脸，害怕被骂等。

有些父母可能会说，“我家的孩子上了初中以后，回到家还是会跟我们聊天啊”。但是请仔细回想一下，曾经处于青春期的我们会将心里话全部告诉父母吗？我们的孩子也是如此。所以，千万不要认为自己对孩子了如指掌。相反，如果想要完全掌握处于青春期的孩子，只会让孩子更刻意地隐藏自己的心事，亲子间的关系也可能变得疏远。无论怎样，父母都不可能知道孩子的一切。有时需要给孩子空间，让他们发挥自己的能力，去面对人际关系，去经受挫折。当孩子经历跌跌撞撞，觉得“实在是太辛苦”时，就会和父母倾诉。而在亲子关系中得到安全感的他们，会在内心种下“可以克服困难”的种子，就算在建立人际关系时受了伤害，还是愿意鼓起勇气，再一次尝试与他人建立良好的人际关系。

对于时常在人际关系中感到无力、不安的孩子，父母必须多多给予鼓励，这对他们而言很重要。要让孩子知道不是只有自己在经历这些事，让他们明白，想建立良好的人际关系，有时候需要努力多跨出一步，即使在这个过程中遭遇失败，也不要因此感到失望、气馁。此外，虽然在孩子遇挫时，父母应该给予孩子适当的空间，但是这时孩子有可能会感到孤单、沮丧、痛苦，所以父母仍然要陪伴在他们身旁，这样才能在他们伸出求助之手时及时给予回应。孩子需要的不是一个为他们挺身而出的、强而有力的大人，而是一个比他们有着更多的生活经验和责任感的大人，可以陪在他们身边，和他们一起渡过难关。父母给予孩子的支持与关心，能让他们在未来更擅于发挥自己的能力，积极面对自己的情绪。

妈妈问起学校的事情，我通常只说好事儿

因为特殊原因导致提前“长大”的青春期孩子，会习惯将自己的需求和烦恼藏在心里，假装成熟。

父母不要只因孩子“长大成人”而开心，更应该关注孩子是否会表达诸如“这种时候我觉得很痛”之类的情绪。

我家老大的身体非常瘦弱，所以每当他生病时，我就会很心疼，更加关心、呵护他。这时老二就会眼红，在一旁嚷嚷道：“妈妈，我的喉咙也好痛哦。”还会毫无理由地问：“妈妈，你有多爱我？”这时，我会告诉她：“还记得你发烧的时候，妈妈三更半夜起来，用湿毛巾帮你擦身体的事吧？”试着让她回想一些往事，或者一边对她说“超爱的”“我的宝贝女儿刚刚心里有些不是滋味吧”，一边轻声地哄她，她往往很快就会消除疑虑，但有时依然会露出不满的表情。

家中有体弱多病的兄弟姐妹的孩子，几乎不会主动来心理咨询室。一次偶然的机会，在对一个孩子进行心理指导时，我发现家庭因素会给这类处境的孩子带来很多困扰。曾经有个孩子，接近学期末时脸色变得越来越差，老师非常担心，劝他来心理咨询室接受心理指导。他来到心理咨询室后，向我吐露了他对自己的成绩、升学问题、友谊关系，还有个性方面的不满。他是一个有自己的想法、也有意愿想要变得更好的孩子。

听他讲述了自己的烦恼以后，我对他说：“在这样的情况下，你竟然还有精力照顾自己啊！”他说：“可能在家里养成的习惯吧，因为我弟弟……”随后，他告诉我他弟弟患有残疾的事情。

“你从什么时候开始觉得必须要自己照顾自己？”我接着问。

他眼眶泛红，含着眼泪回答：“因为我弟弟……因为弟弟身体不舒服，我和弟弟吵架时，爸妈每次都要我让着他……如果平时妈妈问起学校的事情，我通常只会跟她说好的事，绝口不提不开心或不好的事，害怕她担心。”他因为担心自己的事会给别人带去麻烦，所以不喜欢打扰别人，就算有心事也不说，总是自己撑着。

这个孩子一直生活在全家人都把注意力放在弟弟身上的氛围中，他已经习惯了将自己的需求或烦恼藏在心中，不对其他人说。因为各种状况而没有多余精力的父母，从这个一向不抱怨、什么事情都自己看着办的孩子身上获得了许多力量，却也忽略了这个孩子的需求。需要帮助却被父母忽略的情况反复发生了几次之后，这个孩子虽然理解父母的辛苦，却也慢慢闭上了嘴巴，自信心也随之消失了。他开始觉得自己无论做什么都会失败，加上无法从父母身上得到爱与关心，所以经常觉得很孤单，偶尔也会对无法给他提供依靠的父母心生埋怨。但是因为不知道该怎么表达这些波动的情绪，他便把它们通通埋藏在心底，结果让自己更悲伤、更彷徨。

许多研究指出，比起拥有健康手足的孩子，家里有身患残疾手足的孩子会经历更多的困扰，如容易自卑，比较敏感，社交困难等，但是这些孩子的同理心、利他心、责任感都比较强。想要鼓励这些孩子，必须让他们学会更自在地向父母或他人分享自己的情感或想法。具体可以从以下两方面着手去做，首先，要倾听孩子的心声，并且给予孩子适当的反馈与回应，就算无法抽出很多时间，至少要花少许时间和孩子面对面交流，千万不要忽略了孩子在童年时期对亲子关系与照顾的需求。其次，不要将照顾身体较弱的手足的责任推给孩子，就算父母不说，要照顾兄弟姐妹的责任已经让他们觉得负担很重了，如果父母、老师和其他的大人都对孩子说“至少你要做好自己吧”“你要好好帮忙照顾啊”等话语，则会给孩子带去更大的压力与负担。他们也是处于青春期这个特殊阶段的孩子，父母不要只想着孩子提早“长大成人”是很值得开心的事情。

无论是谁，都应该有一条“哎呀线”，就像是手不小心被纸割伤时脱口而出“哎呀”后，赶快把手抽回来放在嘴巴前吹气一般，我们在身体不舒服时就要提醒自己哪里不舒服，并轻轻地抚慰自己，懂得保护自己。如果凡事都隐藏，让自己情绪压抑的事情变多的话，自然反射的界线就会变得模糊不清。“哎呀线”可以说是保护自己、爱护自己的呐喊与决心。如果这条线被侵犯的话，爱自己就会变得很难。希望孩子都能够表达诸如“这种时候我觉得很痛”之类的情感，更健康地成长。

关键
对话 8

青春期的五味杂陈

身上有一股奇怪的臭味儿，被当面嘲笑或排挤

处于青春期的孩子喜欢“恃强凌弱”，而有“青春期味道”的孩子很容易被攻击。

父母一定要关注孩子的个人卫生，这也是保护孩子自尊心的方式之一。

我女儿在上小学五年级时，曾经对坐在旁边的男生说他身体有臭味，其他女生也跟着说他的身体有味道，并说她们才不要坐他坐过的椅子。听了女儿的讲述，我想起自己也经历过类似的事情。在我上五、六年级的时

候，我们班有个男生身上有一股难闻的味道，所以有好长一段时间，女生们总是在背地里窃窃私语，不愿意跟他分到同一组。因为那个男生的表现并没有什么异常，所以我也不清楚他知不知道我们对他的偏见，只希望他不要因此而受到伤害。

青春期初期，也就是大约上小学高年级时，在孩子们的谈话中开始出现“有味道”“很脏”之类的话语，也经常看到他们以体味、鼻炎、异位性皮肤炎等为由，当面嘲笑或排挤某个孩子。有的孩子只是皮肤比较黑，说话语速有点儿慢，口齿不清，就会被嘲笑“脏兮兮”。这些嘲笑的话语只要一出现，就会马上在同学间传播开来，成为那个孩子的形象标签。而这些嘲笑所带来的伤害，则会停留在那个孩子的内心深处，很长时间都挥之不去。

有时候，就算跟那些爱嘲笑别人的孩子的父母或班主任反映也没什么太大的效果。孩子的父母可能也拿他们没辙，而班主任虽然会想方设法进行协调，孩子们却可能完全不把这些放在眼里，反而闹得更凶。在这个时期，比起大人，孩子们对彼此的影响力更大，所以就算大人适当地介入，有时也不会取得太大的效果。

这个时期的孩子相当重视外表，对自己在他人眼中的形象很敏感，也更加重视同学关系，特别坚持自己的见解与主张。尤其对女孩而言，“是不是属于我们这一边”很重要，如果不属于任何一个小集体，就很有可能会被排挤或无视，因此，就算意见不同，她们往往也会顺着朋友。有些孩子则会把自己的压力与不满，通过排挤别人或无理取闹的方式宣泄出来。他们经常会瞧不起或是欺负那些看起来比自己弱、好欺负的孩子，而那些穿着看起来不是很干净整齐，或是学习不太好的孩子，往往也容易成为被攻击的目标。

当自己的孩子遭遇他人的嘲笑或排挤时，父母往往很为难，也会不知所措。一方面觉得这是孩子之间的事，希望他们能够自己处理好，如果自己挺身而出说不定会起反作用；另一方面又担心如果只是把这种情况简单地看作孩子不懂事，因此算了的话，自己的孩子会受到伤害。

孩子进入青春期后，身体或头皮会分泌更多汗液，而依据分泌的量与浓度，会散发出各种“青春期的味道”。比起女孩，男孩分泌的汗液更多，所以男孩房间里的味道通常更浓烈；而女孩因为对气味更加敏感，所以对不好闻的气味的反应会更加激烈。另外，像没洗干净校服、头皮屑过多、头发很油等情况，也会给人“好像有臭味儿”的错觉。但无论是哪一种情况，通过经常清洁大多可以解决。因此，父母一定要提醒孩子注意服装仪容，确保孩子看起来干净整洁。

父母也需要注意孩子所散发出来的味道是否正常，是否需要接受特殊治疗，并注意孩子是否对味道过度敏感，是否会对生活或与他人的关系造成影响。如果去医院没有检查出什么异常，却一直觉得身体有味道的话，那很有可能是因为家庭不和谐或缺乏关爱所引发的不安与挫败感，或者由自卑等心理层面的问题所造成的，这时应该让孩子去专门的医疗机构接受诊断与治疗。

大家决定要玩这个游戏，我能说什么

处于青春期的孩子有时为了融入小集体，会放弃一些个人原则，被迫社交。

父母可以试着告诉孩子，对待朋友要亲切和善，但也要明确表达自己的底线。

在学校喧哗吵闹的午休时间也会发生许多事情。好不容易盼来了午休时间，孩子们终于可以随心所欲地大笑、嬉闹，好像有永远聊不完的话题，他们分享着最新消息，确认和朋友之间的亲密感，非常开心地享受着这段时光。但是对某些孩子而言，每天中午一个小时的午休时间是很难熬的。他们因为害怕被集体疏远，所以总是提心吊胆，小心翼翼地观察同学的脸色，并忍不住在意很多小细节：担心坐在对方旁边会让对方不高兴，担心在聊天时无法自然地融入某个话题，甚至担心自己看起来是不是很奇怪，等等。

我也是在某一天的午休时间，意外得知了“吃剩余饭菜”的事。那一天，有个孩子带着眼睛红红的朋友来到了心理咨询室，这个孩子对我说：“我们几个同学几天前只是觉得有趣，把大家吃不完的剩余饭菜集中到其中一个餐盘里，然后玩‘石头剪刀布’，输的人要把餐盘中的剩余饭菜吃掉。今天她输了，但是吃了以后就吐了，其他人因此都嫌弃她‘怎么连这都吃不了’。”听她说完，我才知道原来之前输的人都若无其事地将那些剩余饭菜吃了下去。说话的孩子虽然很不喜欢这种游戏，但并没有提出反对意见，只是跟着玩这个游戏；而吐的那个孩子则吐露心声：“其他同学好像不太喜欢我，所以和他们在一起时，我总是忍不住看大家的脸色，小心翼翼的。大家决定玩这个游戏，我也不能说什么……”

对处于青春期的孩子而言，人际关系非常重要，无法融入任何一个小集体是很惨的事。而许多孩子就算有了所属的小集体，却还是渴望交到真正的好朋友。有些孩子虽然身边总有一起行动、玩耍的朋友，好像很有活力的样子，但他们也经常因“不知道什么时候会被排挤，也没有可以说真心话的好朋友”而感到不安。像这样的不安，似乎每次都会找上小集体中最脆弱的孩子，就像前面提到的那个吐了的孩子一样，平时看上去很安静，不太和其他人一起玩，不太敢于表达自己的看法，这类孩子最容易成为被排挤的对象。可能有些孩子会对这样的孩子说“很烦”或“不喜欢”，而在小集体中，每个孩子轮流被排挤的情况也很常见。主导小集体的孩子随着环境和心情的变化制造出不同的氛围，其他人则在不知不觉中参与到这种氛围中并承担这种氛围所造成的结果，有时候甚至会出现主导小集体的孩子被排挤的情况。其实，所有孩子都害怕自己变成“三个人在一起时，一定会有一个人被疏忽”中那一个被疏忽的人，因此难免会担心有人介入到自己与好友中间，破坏了与好友原本和谐的关系。

至于提议要猜拳吃剩余饭菜的孩子，也许并不是特别坏或者有问题的孩子，甚至可能是一个很可爱的学生，只有在集体中时才会表现出比较特别或令人吃惊的行为。每一个看似普通的孩子，都有可能在与同学相处时，将自己的压力发泄到看起来比较好欺负的人身上。

我的孩子在人际关系方面的经历和其他同龄孩子相似，也有无法完全向家人坦白而独自烦恼的情况。当和朋友的关系出现状况却没有地方可以倾诉时，一些孩子就会来到心理咨询室。如果父母希望孩子能够主动找自己吐露心声，那么平时与孩子聊天时一定要用心倾听，说“那是你性格的问题”这样的话只会让他们关上心扉，但是也不需要事先给孩子灌输“太善良会吃亏”的观点。要试着告诉孩子，对待朋友要亲切和善，但也要适时明确地表达自己的想法。想要孩子能够明确地表达自己的想法，请先从家里开始做起，让孩子自由表达自己的要求与想法，并对他们的想法给予不同程度的认同。父母在家里总是制止孩子表达意见或阻止他们把话说完，却期望他们在外面能更明确地表达自己的主张，那是不可能的。父母也不要觉得“我家孩子很可怜，都是对方的错”，在某些情况下，应该先了解自己的孩子在人际交往中是不是有需要改变的地方，如果有的话又该如何改变，才能让孩子不再面临类似的困境。

此外，家庭成员的关系模式很容易在其他人际关系中映射出来，所以父母务必先观察、了解与子女的关系。例如，要是自己的孩子让其他孩子觉得不好相处，请先从自己和孩子的关系开始反思，找出困扰孩子的根本原因，尽可能帮助孩子解决那些困扰。想要在孩子遇到困难时给予适当的建议并不容易，因为很多情况并没有固定的答案，如果孩子感到受伤害或遭遇挫折，不妨试着把它看作成长的过程中必需的经历吧，或许他们最需要的只是父母的陪伴与安慰。

大家都觉得我不行，意志力薄弱又爱生气

处于青春期的孩子往往游走于“独当一面”和“依赖别人”之间。

父母在培养孩子独立性时不要急于求成，“连这都做不好”的评价只会让他更依赖你。

在我的孩子上小学时，让他们自己整理书包是一件非常困难的事，但是我下班回到家之后要准备晚饭，还要做家务，有时候难免忽略老师发来的通知或帮孩子准备老师交代必须带去学校的东西。等到过了一段时间后，我就几乎放手让他们自己整理东西了，而他们就这样在跌跌撞撞中慢慢学会了自立。放手过早的后果就是，他们经常因为忘了写作业或忘带老师交代要准备的东西而在课堂上遇到麻烦。有一次，孩子对我说：“如果妈妈也像 ×× 的妈妈一样，是全职妈妈就好了，写作业的时候妈妈也能陪在我旁边。”想起那段日子孩子所遭遇的事，我一阵难过，鼻子酸酸的。我虽然经常也会想“他们要到什么时候才会知道自己要怎么做呢”，却又觉得是自己没有让孩子养成打理好一切的习惯，只是一味地期待孩子能够自己处理好一切。

“通常大家都不喜欢跟身体不太方便的人亲近，对不对？如果可以改变，我第一个想要改变的是我的个性，大家都觉得我不行，意志力薄弱又

爱生气……说我老是想依赖别人，不想靠自己独立完成事情，而且很任性。他们说的是对的，我也觉得自己很麻烦、很讨厌，对自己很生气，就算有时候想要做点儿什么，也基本上做不到。”

一天，一个患有小儿糖尿病的孩子这么向我倾诉他对自己的看法。他在上小学六年级时被诊断出患有小儿糖尿病，在那之后，他把从父母、老师、朋友那里听到的话，一点一滴全都放在心里。他在一天之中要测量好几次血糖，注射好几次胰岛素，因为觉得很麻烦，所以他经常忘记做这些事。而他的父母忙于工作，要维持生计，无法经常陪在他身边。因为没有人在一旁督促，他也没有坚持有规律地运动、固定时间用餐、恰当的饮食，所以时常昏倒被同学送去急诊室。面对这样的孩子，父母在心疼的同时，也会忍不住发脾气，像是诉苦般对孩子说他们的辛苦；而在学校里，也时常听到老师们说他做事“没有责任感”，或是训诫他“要靠自己的意志力，照顾好自己才行”。因为这些因素，这个孩子渐渐地开始游走在家庭、学校之外的世界，问题越来越严重。

虽然可以把这个孩子经历的所有事情都归结于小儿糖尿病这个特殊状况，然而这些事情并不是只有在这种特殊状况下才会发生。无论是家庭主妇或是职业妇女，在孩子还未完全学会打理自己之前，就让他承担过多的责任，结果造成孩子生病的情况并不少见。就算不想让孩子养成过度依赖父母的习惯，或是想要培养孩子的独立自主性也不应该对孩子说“现在你已经长大了，可以自己想想该怎么做吧？你要自己看着办啊！”将责任全部放在孩子手中。“连这个都做不好”“到底要妈妈帮你做到什么时候”之类的话很容易让孩子变得畏缩并失去自信，从而造成相反的效果，让孩子渐渐变得更想依赖父母，也更害怕自己独当一面地去做某些事。千万不要把孩子的问题全都怪罪到他们自己身上，父母因为心情不好脱口而出的类似“都是因为你，让我觉得很辛苦”之类的话，会让孩子受到伤害，甚至让孩子对父母心生愧疚，不敢向父母要求做一些本来就应该请父母帮忙的事。而那些没有被满足的渴望，会在孩子的心里留下伤痕，让他们转而去寻找一些不恰当或具有破坏性的方式来消除压力。

孩子能够独当一面的前提是得到了父母充分的照顾。期望孩子天生就知道该怎样做、做得好是不可能的，孩子需要时间自己去学习、熟悉一切，也需要有人给他们示范、引导。更重要的是，父母必须在孩子有需求的时候给予他们力量，如此一来，在适当的时候，孩子就会试着靠自己的力量去完成某些事了。

关键
对话 9

畏惧上学这件事儿

好想转学，不想上学，不想进教室

处于青春期的孩子会通过与班级中其他同学的关系来肯定自己，如果人际交往出现问题，往往会生出“退学重来”的念头。

父母让孩子明白“与人交往，先从关爱自己开始”“有人不喜欢自己是很正常的事情”非常重要。

大概是因为在中学校园工作的缘故，我经常回想起自己的中学生活。在那段时光中，有一件事情直到现在仍然让我觉得很愧疚。当时有一个同学想要跟我交朋友，但是我假装没发现她主动向我靠近的那一份心意。虽然我并没有欺负那个同学，也知道她是一个挺不错的人，但是我对她的态度一直都很冷漠。直到现在，那个同学白净又鲜明的五官，戴着一副眼镜、短头发的模样，仍然清晰地刻在我的脑海中。是因为她讲话慢吞吞，我觉得很烦吗？是因为她看起来很好欺负，所以我无视、看不起她吗？是当时的我有点抗拒不熟悉的同学主动走近自己吗？

在新学期开展的第一次心理咨询活动中，很多孩子都表达了自己对人际关系感到苦恼的处境，我也因为孩子们“好想转学”“不想上学”“不想进教室”之类的困扰，对孩子和家长进行了多次心理咨询。过了一个暑假，面对新的学期，孩子们抱着一切重新开始的心态迎接学校生活，但实际上情况一点儿也没有改变。本来下定决心“下学期我一定要好好试试看才行”，但是班上的同学都已经彼此认识了，好像很难自然而然地融入某个小集体或是和某个人亲近。

有个曾经来进行心理咨询的孩子，他想跟班上的一个同学交朋友，但是被那个同学拒绝了，他因此隐约觉得自己被全班同学排挤。虽然实际状况并没有这个孩子想象得那么严重，但是被别人拒绝的亲身经历对他的打击非常大。就算班上有些同学继续跟他维持着朋友关系，但是因为那个拒绝自己的同学在班上很有影响力，所以这个孩子渐渐变得畏缩胆怯。后来这个孩子因为无意间得知小集体中一个原本跟自己关系很不错的朋友在背后偷偷讲自己的坏话，就跟这个小集体中的所有人产生了距离。

处于青春期的孩子会通过和集体中其他同学的关系来肯定自己，因此，如果在和同学的交往中出现了问题，孩子的自尊心就会受挫。一开始只是被某一个朋友拒绝，最后却变成对自己的不信任，在这种情况下，孩子很容易对自己一直以来的行为、态度、说话方式、外貌等产生怀疑，会生出自己有问题、不够好、是个怪人等负面的想法，也会生出想要转学的念头。

前面提到的被他人拒绝的孩子，他其实对自己感兴趣的事情经常会全力以赴，对人际交往中发生的不愉快的事情并不是特别敏感，而现在却为和小集体中原本关系还不错的朋友之间产生的裂痕，以及出现的猜忌心理感到手足无措。在进行心理咨询的时候，我试着帮助他了解那个拒绝与他交朋友的孩子以及其他孩子的想法，让他了解“有人不喜欢自己是很正常的事情”。我告诉他，对某些孩子而言，就算他人只是单纯地想亲近他们的好朋友，也会给他们带去威胁，他们会担心好朋友被抢走，或是他们被疏远。我让这个孩子认真思考，其实他并不是没有和自己亲近的好朋友，也让他试着策划一些可以和好朋友一起做的事；我让他明白，和相处不愉快的朋友，本来就不会进行基本的问候、日常对话，更不会表现得很亲密或放低姿态示好，让他试着接受“不在乎对方的反应”本来就是个人自由，不要因此就向原本和自己关系还不错的朋友表现出自己很痛苦、很烦恼的样子，也不要因此采取说别人坏话的方式来获得其他朋友的认同，因为有一天，或许自己又会与所说坏话的孩子和好或变得亲近，而之前说的坏话很可能像回旋镖一样朝着自己飞来，让彼此的关系再度恶化。虽然对孩子而言，这些方法并不会让人际交往中的问题全部消失，但至少可以让他在较短的时间内找回安全感。

不只是这个孩子，其实大部分处于青春期的孩子都有这样的不安，也都希望能够获得他人的关心与支持。父母可以和孩子就如何建立正确的人际关系的问题展开讨论，帮助孩子度过这段时期。似乎越来越多的孩子不懂得如何建立良好的人际关系，这让我很担心。其实，人际交往也是需要学习的，孩子若在家庭中有与父母、兄弟姐妹良性互动的经历，往往能更好地与家庭以外的人建立起友谊关系。

在心理咨询室里，我总是对孩子们说："先从多关爱自己开始，就算其他人对自己不好，也要好好安慰、鼓励自己才行。"我也让他们经常告诉自己："对自己随便又没礼貌的人不是真正的朋友。""不要勉强他人跟自己做朋友。""自己喜欢的朋友如果更喜欢其他朋友的话，要予以理解，这是正常的，然后接受事实。""如果很珍惜自己，也对朋友很真诚，并且专注于自己做的事情，这样一来，其他的孩子就可能被自己吸引，也会想要接近自己。"另外，我也会给孩子提出一些建议，如自己先打招呼、先开口跟对方说话、主动帮助朋友、帮助了朋友不要期待对方感谢自己、不迟到或缺席、准备好该带的东西、好好准备考试、准时交作业、上课不打瞌睡、努力念书提升成绩；如果真的要转学，到了另一个学校也不要错过交朋友的机会，在上下学的路上或休息时间都可能有人跟自己说话，因此建议他们不要戴耳机、穿着要整齐、头发要整理好、保持仪表端正的状态、吃完午餐后要好好刷牙等。

也没怎样，就是不想去啊

“没什么”是处于青春期的孩子与成人沟通时的常用语言，有时候连他们自己都没有察觉这句话背后隐藏的含意。

父母用心揣摩孩子的内心，认同孩子的处境比威胁和劝导更有用。

“我讨厌去学校，我要休学。”有一天，一个孩子突然对妈妈这么说，问他理由，他只是说：“也没什么，就是不想去啊。”孩子特别固执，说不去就不去，妈妈虽然慌乱，却无可奈何，只好让他先去学校获得老师的同意后再说，也就这样先将问题搁置了。

后来，孩子辗转来到心理咨询室，对我说：“读书也不能保证一定会成功。”“我的梦想是成为一名作家，但是如果来学校上课的话，练习写作的时间就会不够。”“想要有更多的时间，多了解自己。”我听完他的休学理由后，问他是不是还有其他原因，这时候他才说出自己在人际交往中遇到的问题与苦恼。

根据2017年韩国的相关统计，2016年度韩国在读的小学生、初中生、高中生共约5 882 000名，其中有25 000名学生以家庭问题或不适应学校生活等为由离开学校，相当于每 200 名学生中就有 1 名学生因为不适应学校生活而中止求学生涯。

“没什么”是孩子回答问题时很容易脱口而出的话，父母应该怎么解读这句话呢？这句话背后可能包含了很多含意，有时候可能连孩子自己也无法察觉它背后的含意。孩子如果突然做出意料之外的行动或说出不同寻常的言语的时候，通常都是有原因的，这些都表露出孩子内心长久以来不断挣扎的痛苦。

前面所提到的那个孩子，他内心真正的希望是什么呢？表面上是要求休学，其实是想表达这句话背后所隐藏的渴望与情感，如果没有好好去揣摩，就很容易错过孩子真心想要表达的心声。

那个孩子在与同学交往中从来没有遇到过太大的问题，可是最近不知道为什么，他总觉得与身边的同学距离越来越远，以致觉得学校生活让他很不舒服，还感觉“自己一定有什么问题，才没有办法马上交到朋友”，因此受到很大的困扰。一直以来都是朋友们主动向他伸出友谊之手，现在却要他主动接近朋友，他认为这很伤自尊，因此便不想去学校，想要远离一切。

孩子在说“我没有问题，我很好”的同时，可能下意识地想要逃避某种不舒服与痛苦的感觉，他的表现看上去会很别扭，往往自己就先与其他人保持距离了。

帮助这样的孩子，需要聆听“想要休学”这句话背后的含意。可以先以“哦，原来你觉得这么辛苦啊！”“原来生活中有让你这么不舒服和不满意的事情，竟让你想要休学啊！”这样的话语来接近孩子，抚慰孩子的心灵，然后去倾听并了解孩子的实际情况，并适度地给出建议和帮助。

因为担忧，若忍不住又是威胁又是劝导地说“无论怎样都一定要去上学”，这对孩子一点儿帮助也没有。请父母记得，即使满腔怒火，也不要对固执又内心脆弱的孩子说“你自己的人生你想怎样随便你”“以后后悔了我才不管你”“连这个都办不到的话，你以后到底要怎么办啊”这类气话，但是像“加油，再忍耐一下，撑过去吧！”这类的慰藉与鼓励对孩子也没有什么帮助，孩子听到这样的话，只会觉得父母根本就不知道自己有多累。这时候，不如对孩子说“你真的辛苦了，很累吧”，对他们的处境予以认同，进而让他们愿意与自己做更深入的交流。

不想跟妈妈说，因为怕她找到学校去

处于青春期的孩子往往会通过网络媒体建立社交关系，以回避自己在学校生活中碰到的社交困扰。

父母需谨慎采用类似“去学校理论”等简单粗暴的方式帮助孩子解决矛盾。

最近我的女儿和她最好的朋友有些疏远，虽然之前她们也有过好几次的争执，但最终都重归于好，而这次的状况看起来很严重。作为两个孩子的妈妈，我几乎没有一刻不担心他们的人际关系，尤其担心他们遇到下面的情况：好像没有特别要好的朋友；虽然有几个关系还不错的朋友，却好像跟他们不是那么亲近；被捉弄时，不知道该如何回应。和孩子经历过大大小小的事情之后，不仅孩子觉得很累，有时就连在一旁关心守护的我都不免觉得辛苦，我相信不只是我这样，许多家长一定也感同身受。

和以前不同，除了成绩和升学问题，现在的父母还需要花很大精力关注孩子的社交问题。他们似乎不太擅长与人直接进行面对面的交流，也比较难建立与维持一段稳定的友谊关系。如果孩子在人际交往中遇到问题，父母的首要任务是判断孩子究竟是与他人产生了争执，还是遭遇了排挤或霸凌。

虽然与过去相比，现在的孩子似乎从父母那里得到了更多的关心与照顾，但他们需要处理的事情也多了很多，能够获得认同的机会却变得很少。在与朋友交往时，每个孩子大都抱着“必须表现得更好更优秀”的竞争意识，所以就算大家在一起玩得很好，用言语或行动将怒气发泄在比自己弱的同学身上的事情仍然不断上演，许多孩子也因此害怕朋友背叛自己，不敢将心里话和盘托出，时常感到孤单寂寞。在这样的情况下，与无须见面的网友建立短暂的友谊关系似乎让孩子觉得更自在。但是，孩子们将日常生活中的纷争转移到社交网络中的做法，也会造成新的问题。这些孩子大多不会去考虑后果，一时冲动，就将自己心里的想法全部在网络上公开。因为发布的内容任何人都看得到，网友并不用以自己的真实身份对发表的内容进行评论，所以更容易留下激烈、极端的留言，也更容易凝聚成一个小团体，对某个孩子做出残酷的攻击行为，最后发展成言语暴力或网络霸凌事件。

作为父母，有时候明明知道孩子正面临着困境，却找不到合适的应对方法，有时还会做出很不恰当的反应。关于这点，孩子们曾这么对我说："希望爸妈站在我这边，但是他们却说'你的错比较多'，然后开始唠叨，还说'你就是因为这样才会被排挤''长大以后怎么面对社会啊'，虽然这些可能是他们脱口而出的气话，但我还是很伤心，觉得他们心里真的是这样想的。""不想跟妈妈说，因为怕她找到学校去。以前和同学闹矛盾，妈妈去学校和那位同学的妈妈吵过架，我担心又会发生同样的事情。""妈妈跟我完全相反，她很自信，做什么都很厉害。她说，如果不想被其他孩子轻视，就要清楚明确地表达自己的意见，不喜欢就要说不喜欢，但是我真的做不到。""我被其他同学骂脏话，还被他们打，眼镜都碎了，但是爸爸妈妈好像觉得这只是朋友之间的小矛盾，一点儿都不在意。"

比起孩子所希望的，有些父母会以宣泄自己的情感和表达自己的欲望为先，结果让孩子陷入更难的境地。例如，打电话或直接去找让自己的孩子受伤害的同学理论，把事情闹得很大，难以收场。处于青春期的孩子与年幼的孩子不同，对他们摆出大人的架子，不但无法让他们认错，反而很容易招致攻击性的行为，他们十之八九会挑衅："阿姨，你先管好你自己吧！"你可能想冷静地面对他们的挑衅，明确地"警告"或温和地"劝告"对方，但这些方法大概只对小学低年级的孩子有效。

当孩子在人际交往中遇到问题时，父母到底应该介入哪种程度，这取决于孩子的个性与实际状况。其中最重要的是，先充分了解孩子对父母介入的态度。当孩子之间已经从最开始的为小事吵架、开让对方不舒服的玩笑、在社交网络上与其他孩子说别人的坏话，发展成了霸凌行为时，如果自己的孩子是被伤害的一方，父母一定要积极主动地介入，以免发生危险。当然，这并不是说发现后就立马报警，我们应该先向当事者了解情况，确认到底发生了什么事。父母也不要有先入为主的解决方式，询问孩子自己想要怎么做也很重要，例如，“要不要去学校找相关负责人？或是和对方直接面对面地沟通？”，等等。另外，因为班主任能看到孩子从未在父母面前表现出来的一面，所以在了解情况时也要参考班主任的看法与意见，也可以在班主任的安排下与对方的家长见面。这个过程可能存在很多变量，但是无论如何都别忘了自己的孩子还要与其他孩子一起相处很长的时间，千万不要让孩子在学校变得孤立无援。还有，无论决定用什么方式解决问题，最好能让孩子接受心理咨询，孩子可以在进行心理咨询的过程中学习如何缓解被排挤或遭遇霸凌时的压力，以及应对的正确方法，这对孩子会有很大的帮助。

关键
对话 10

期待被公平对待

为什么每次都不做事，却想分一杯羹

处于青春期的孩子因为不善沟通导致被误会不负责任的情况很常见。

家长需要教导孩子学会真心实意地道歉，态度诚恳比说了什么更重要。

听到“冲突”一词时，你最先想到的是什么呢？学校里的孩子们会想到“烦躁、吵架、背后说坏话、挑拨离间、误会、和好、道歉、学校、家人、朋友、脏话、霸凌、自尊心、轻视、烦恼、读书、伤心、眼泪、小心翼翼、压力、发脾气、减肥、衣服、化妆、选择障碍”等各式各样的词句。

在学校里，许多冲突会被放大，其中又以像在准备分组评比时、校内班级合唱比赛等以班级为单位的大型活动中最容易出现这种状况。这些活动需要孩子们分工合作、同心协力，才能获得好成绩和奖项。但是因为各自的想法不同，活动的过程往往不是很顺利，有时候会出现言语争执、藐视某人的意见，甚至发生排挤的现象，而且这样的问题有时不会只发生在个人之间，而是会扩散到其他的成员之间，甚至影响整个活动的气氛。

我曾和孩子们一起进行了一个活动，主题是：如果发生以班级为单位的冲突，应该如何解决？孩子们给出了许多很不错的答案，例如“了解彼此的情况”“制造可以和好的机会”“不要给很忙的人分配太多重要的角色和责任”“开一个群组聊天室，将练习的部分录音上传”“练习时间出现闲聊或是嬉闹的情况要罚钱”等。但是当我问他们“如果你们班有人拖后腿，你们会怎么做”时，孩子们果断地说：“哎呀，不行吧，干脆把那个人撇在一边不管，要不然那个人主动放弃，去补习班多学习也行啊！”由此可知，孩子脑袋里虽然很清楚有更好的方法可以解决问题，但实际上却很难做到。

在发生冲突时，孩子们最容易表现出来的态度就是“攻击”或“回避”。“攻击”是以满足自我要求为先的行为，即殴打对方、向对方说脏话或难听的话，或是在背后说对方的坏话等情形。选择攻击的孩子可能在家中经常被父母体罚，因此他们在心情不好或是需要解决冲突时，会选择以攻击的方式来回应。而“回避”则是放弃满足自己本身要求的行为，例如，就算朋友对自己没礼貌，也不去给予适当的回应。这样的孩子遇到冲突时，为了忘掉不愉快，甩掉困扰，会用玩电子游戏等方式来逃避眼前的问题，不去直面自己的痛苦；这样的孩子很可能常被身边的人责备或要求忍耐，或是习惯于被过度保护，防御能力弱，不成熟。

想要解决孩子们的冲突，让彼此合作，就要让孩子学会站在对方的立场思考问题。如果孩子们明白“对方和我没有区别，是平等的存在”“对方的心情原来是这样呀”，就可以通过“为彼此带来力量”的方式来解决矛盾。通过排演一些影片或是小短剧，激发孩子换个立场为对方着想的方法也不错，让孩子分别试着扮演“攻击”与“回避”的角色，去体会一下对方的立场，会更容易了解对方的心情。

“虽然我有不对的地方，但是就算我解释了情况，他们还是觉得我在说谎，无论我说什么他们都不相信。”有一个来到心理咨询室的孩子这么说，随后一直哭，怎么也不肯回教室，还说他明天不来上学了。

这个孩子班上的分组活动评分日近在眼前，但他不是三天两头缺席，就是早退，其他人也很难联系上他。对于这个孩子的解释，其他孩子完全无法理解，不停地质问他：“为什么不接电话？为什么这么没有责任心？为什么每次都不做事却想分一杯羹？”这个孩子说他真的处在一个非常尴尬的处境，因为他们在最后分组评分的时候已经把他从名单里剔除，直接交了作业，也获得了不错的成绩，却还一直对他说三道四，他真的觉得很委屈。但是，根据其他孩子的说法，这样的事情已经发生不止一两次了。之后还有好几次小组作业，境况也没有什么改善，大家也很想听他说实话，解释到底为什么会这样。

这个孩子的行为的确有不恰当的地方，但是其他孩子的心情又是怎样的呢，难道不是想要让这个孩子不负责任的行为赤裸裸地呈现在众人面前，然后对他大肆发火吗?

这时，想要客观地去理解处于青春期的孩子是行不通的，从心理和主观层面去切入，才能够理解这些孩子的行为。之所以发生这种情况，通常是因为有别的需求而拖延了必须要做的事，或者是因为没有处理这件事情的能力，所以就让事情看起来好像被拖延一样。但无论是哪一种状况，要按照对方想要的方式，跟对方诚实地说出真正的原因是非常困难的。虽然是自己没有完成该负责的部分，但是真的必须面对这种情况的时候，又会很担心对方的反应，或者对于要处理这样的情况感到很羞愧。带着这样的心态跟对方解释自己的状况时，往往很难对自己犯的错真心实意地进行道歉，对方很可能因为道歉者的态度不诚恳而更生气，最后反而变成道歉的一方觉得自己受到攻击，并因此很委屈。

孩子很容易在道歉之后认为“我都已经表达了歉意，对他们说了‘对不起，我错了’，而对方不接受，我也觉得好委屈”，这时应让孩子学习正确表达歉意的方法。

道歉的时候，态度要诚恳，不要不停地解释自己的情况，这些多余的话语对对方来说都像是借口，只会让对方更加生气。向对方具体说明自己到底做错了什么很重要，在向对方表达歉意时，如果可以充分了解自己让对方受到伤害的原因，对方心中的纠结也就会很轻易地被化解掉了。

在日常生活中，父母必须以身作则，在做错事时诚恳地向孩子道歉，孩子在耳濡目染之下，也会学会为自己的行为负责。

能力没有我强，却获得了同等的认可或补偿

> 处于青春期的孩子凡事都追求公平，这与他们一直以来身处“攀比”和“竞争”的环境有关。
>
> 父母应该告诉孩子，比起结果，付出努力的过程更重要，让孩子学会如何替他人着想。

露营是孩子们在学期末最想做的一件事情，每次到了这个时候，孩子们就会缠着班主任或是社团老师带他们去露营。

不久前，有一个班主任要带学生去露营，本来想以组别来点炸鸡，但是孩子们却说不要，因为炸鸡无法让每一个人都吃到一样多的分量，他们希望吃一些可以平分的食物，班主任听了之后虽然对此表示理解，却不免有些苦涩。

其实我们对这种状况并不陌生，无论是各个科目的分组活动，还是团体心理咨询活动，从中可以发现，几乎没有孩子喜欢需要和别人合作的团

体作业或团体活动，因为在合作过程中免不了会发生不公平的事。如果同一组的成员都将拿到一样的成绩，孩子会认为工作也必须平均分配，无法忍受不做事、只想搭顺风车的人。就连做饼干的活动也是一样，用被分到的面团做出来的饼干，如果给别人一块，别人也得拿一块来交换，绝对不能吃亏。

无论做什么事，都希望能够正确、公平地分配到属于自己的那部分，并且总是对此很敏感。现在的孩子似乎越来越不懂得如何与别人合作，也越来越害怕吃亏。大人们原本希望身心经过不断发育的迈入青春期的孩子，能够在这个阶段培养起和朋友们通力协作的精神，并建立起坚固的友谊，可惜实际情况似乎与我们所期望的相差甚远。

不过，凡事追求公平，没有多余的精力去理解和体谅他人，或许是孩子们一直以来必须与同学比较、竞争所造成的心理匮乏的表征吧。对于“被拿来跟更厉害的人相比，自己好像因此被忽略了；明明就是大家一起努力的成果，却总是先关注或认同比较漂亮、能力比较强的人；某个方面比我更好的人好像更受欢迎”之类的情况让孩子已经很受伤了，“那个人明明没有我认真，却狡猾地想搭顺风车”的情况就会让他更加反感，而对于“能力没有我好，却获得了同等的认同或补偿”的情况就更不用说了，大部分的孩子都会感到既委屈又生气，心情低落到极点。

从长期来看，在越来越激烈的竞争中，父母必须从现在开始，让孩子学习如何为他人着想，也让他们有被人体谅的机会。

对于处于青春期的孩子而言，父母认同孩子所关心的事物非常重要，比起结果，应该更看重孩子付出努力的过程，这样孩子内心“重视过程”的种子才会慢慢萌芽，在遇到其他孩子带来的困扰时，才有能力调节自己的心情，才不会觉得委屈或出现攻击行为；而对别人造成不便时，才能因为重视过程的态度得到别人的谅解。

关键
对话 11

很难主动社交

我总是等着别人来亲近，很难主动社交

在家庭生活中备受关注，被过度保护的处于青春期的孩子，在学校里与同学交往时可能会拒绝“意见不一致”。

父母要让孩子明白，“同一件事，别人与自己想法不一致是非常合理的事情”。

虽然我和孩子的心理咨询活动从来没有停止过，但是最近觉得心理咨询的难度越来越大，尤其是有关人际关系方面的问题。许多学生本来在小学就应该经历过，在某种程度上应该知道怎么面对的状况，到了初中，竟

成为越来越多孩子的困扰。虽然前面已经介绍过好几个孩子在人际关系方面的烦恼，但是在心理咨询室里，这类话题总是不断出现新的状况。近年来，比起和父母、老师等，孩子和同学的人际关系问题越来越突出。

有一个和同学关系不好，吵着“好想转学”“不想上学”的孩子，其实也不是真的跟同学吵架或起冲突，只是觉得别的同学好像不太喜欢自己，他们不会主动和他说话，而他说话时也得不到他们积极的回应。就在他觉得很不舒服的时候，班级抽签决定座位时他又抽到自己一个人坐的位置。在进行心理咨询时，这个孩子说自己好像跟其他同学合不来，经常被同学排挤在外，因为其他同学看自己的眼神好像不太友好，所以就干脆避开他们了。这个孩子从小就备受家人的疼爱与关注，所以当事情不如所愿、大家不把注意力放在他身上，或是做的事不被大家认可时，就会不舒服、惊慌失措、生气，觉得别人跟他很疏远，也常常因此闷闷不乐，但是其他孩子似乎不太在意也很难理解他的行为。

从他的话不难看出，他在人际交往中还不成熟。同学好像装作没看到他、不找他一起玩儿、不关注他说的话，让他内心很受伤害。另外，在课堂上只要这个孩子说出内心的想法，周围的同学就会说：“这家伙怎么这样啊？”他不知道该怎么和同学相处，也不知道该如何解决彼此的不愉快，只能表现出一副不在意的样子，而在一旁的老师反而比他更紧张。其实很多时候，孩子和同学之间发生不愉快都不是因为特别严重的事，只要把焦点放在处理这些事情上就可以解决问题、化解尴尬。但是很多孩子往往因为不知道该如何化解彼此的矛盾，也不知道要如何和其他孩子说话及玩耍，就选择在发生让自己不舒服的事情时大发脾气或干脆躲起来，针对这样的情况，父母要适时引导他们，并让他们再遇到此类问题时自己试着去解决。

有些孩子性格比较内向，无法马上和同学变得亲近或合得来，往往需要较多的时间去适应对方；但有些孩子因为受到父母的过度保护或习惯了享受特殊待遇，久而久之，就会无法忍受事情不按照自己所想的进行，也因此常常和朋友闹矛盾，其中一些孩子会觉得跟老师或其他大人相处比较自在，有些甚至会觉得同龄人的水平和自己有差距。

也许孩子在小学低年级时还能待在父母的安全网中，但这种情况无法维持太久，因此父母有必要引导孩子“不要总觉得自己很特别，常常等着别人先接近自己，偶尔也要主动走向朋友，先开口问他们要不要一起聚聚；要熟悉身为集体中的一分子应该尽的本分，也要学习如何与其他人合作”。仔细观察那些和朋友相处得很好的孩子，就会发现他们凡事不会只考虑自己，还会考虑其他人的心情，这样的孩子自然会比较受欢迎，也比较容易获得别人的认同；他们不会随心所欲，想做什么就做什么，跟别人约定好的事情也都会遵守，这样让人有安全感的孩子，自然会得到其他人的信任；他们在人际交往中也不会执着于一些小事，比如，当想跟自己喜欢的人做朋友，但是对方并没有这个意愿时，他们虽然也会难过，却不会在这件事情上过于纠结，也不会让自己的生活无法继续下去。

父母一定要好好了解孩子的个性，虽然父母总觉得自己的孩子没有什么特别的问题，但是孩子的同学可能并不这样认为。比如，父母眼中聪明、有主见、充满自信的孩子，在同学看来可能是很骄傲、什么都只想着自己、令人反感的孩子。当孩子认为自己在人际交往中很累、很不开心时，父母应该帮助孩子了解并明白“就算是同一件事，别人与自己想法不一致是非常合理的事情”。

你拿我的耳环干吗？想讽刺我吗

在家庭关系复杂或父母关系不和谐的环境中成长的孩子，常常因为个性敏感、害怕受伤害而导致在学校社交困难。

父母养育孩子时不要吝啬“肌肤之亲”，安全感充足的孩子更自信。

不久前的教师节，有一个已经毕业的学生回来看我。她用爽朗的声音告诉我：“老师，我拿到奖学金了，虽然不是学校的奖学金。”得知这个好消息，我真的很替她开心。“如果你初中辍学的话，就要错过这些了。”她听到我这么说，不好意思地笑了。

这个孩子从初中二年级开始就不喜欢上学，经常迟到、早退、逃学，就算去学校也不肯进教室，只肯待在走廊上。大家都拿她没办法。最后，班主任好不容易才把她带到心理咨询室，她说：“我在班里没有要好的朋友，听课也听不懂，真的很讨厌上学。”其实，她从小就很脆弱，“新学期很难交到朋友、很难适应新环境”，这些话只是把她脆弱的一面表现了出来而已。她的父母感情不好，为了掩饰受伤的心灵，她经常低声抱怨，或是冲动地顶撞、反驳，再加上她身材胖胖的，以致大家忽略了她敏感的个性，只觉得她很固执、反应很慢，而这些也为她的人际交往带来了负面的影响。虽然她觉得导致她的学校生活没意义的原因很多，但主要还是“在班级里交不到能接受自己的朋友”，这让她感到最困惑。

她因为不想再受伤害，所以不再轻易对人敞开心扉，再加上已经去医院进行了好几次心理咨询，她对学校的心理咨询并没有太大的期待。我记得那天我拿起她“看起来很厉害”的耳环看，当时她问我：“你拿我的耳环想干吗？想讽刺我吗？”我好奇地回问她：“穿这么大的耳洞，会不会痛？这种耳环要怎么戴？”那次心理咨询后，过了一个礼拜，她又来心理咨询室找我，并对我说：“我也不知道来这里到底有没有用，来之前，总觉得您应该跟其他老师一样，只会讲差不多的话，但是来了以后，您讲的话又跟其他老师不太一样。”“我也知道我的行为不对，其实我只是想得到一些安慰而已，他们虽然很清楚这一点，却还是毫不留情地指责我，真的很烦。”我在当时算是通过了考验，被她认为是可能真的理解她的人。不过，她仍然没有直接告诉我她不满意自己的外貌，或是那些让她自尊心受伤的事。直到过了将近一年，她才告诉我她有多想减肥，也通过运动、节食、不吃东西，试着减了几次，但都中途放弃了。

外表虽然不是她最大的烦恼，却被她当作自己无法被爱与被接受的主要原因。有时候，当父母因为自身的问题而无法及时给予孩子适当的帮助时，孩子会以自残、肥胖、过度打扮、药物中毒等方式来表达自己的不安和不被理解。

就算是情绪稳定的孩子，父母也要让他们知道照顾好自己的身体的重要性。当然，父母也要懂得照顾孩子，绝对不要对孩子口出恶言，那些批评和脏话很可能会让孩子受伤，也可能会让他们狠狠地伤害自己。另外，要给孩子准备健康营养的食物，在孩子生病时给予充分的照顾，而这些看起来理所当然的事却很容易被忽略。适当的“肌肤之亲”也很重要，如果孩子曾经在温暖的拥抱之中感受过爱与安慰的话，孩子也会对自己的身心充满爱与认同。

和彷徨的孩子相处之后，我了解到世上没有“完美的介入与干涉”。父母在与孩子相处的过程中难免会犯错，但这没关系，重要的是绝对不要放弃孩子，要持续关心孩子。只靠一个人的力量很难做到所有的事，所以，最好几个大人一起关心孩子，如此一来，孩子终有一天会向好的方向发展。

与青春期孩子的18场关键对话

第三部分

青春期的课业焦虑

PART THREE

关键
对话 12

考试的紧箍咒

考试作弊也没什么啊，只要不被抓到就好了

处于青春期的孩子，如果功课不好，可能会迫于外在的压力而通过“作弊”提高成绩。

父母可将关注考试成绩本身转移到帮助孩子建立“自律”上面。

每次到期末考试时，总会听到有的学生因为偷看“小抄”而被抓到。其实，谁都有过想要偷看抽屉或书包里的课本或笔记的念头，只是因为太害怕了，所以不敢付诸行动；或是因为作弊的行为一点儿都不光明正大，

所以打消了这个念头。

在与考试作弊的孩子进行心理咨询时，我发现这些孩子有一些共同点：不管功课好不好，他们都很担心成绩。功课好的孩子会要求自己“至少要考 ×× 分”，因为对自己的更高要求而备感压力；功课不好的孩子则会要求自己“再考好一点”，因为怕大人拿成绩和其他人做比较，或是看到其他同学与家人为了成绩争吵，对权威、暴力的管教方式心生恐惧而选择作弊。

孩子最害怕的就是被父母责骂，在其他同学和朋友面前丢脸，也担心校内排名太靠后，成为升学的绊脚石。那么，面对孩子作弊，到底该怎么做才好？首先，应该让孩子学会对自己的行为完全负责。父母绝对不能抱着“这又没什么”或“只是运气不好被抓到”的态度让这件事过去，应该找出孩子作弊的理由，试着理解并安慰他们。其次，要帮助孩子反思自己的行为，让他们了解除了作弊还有其他选择，告诉他们人难免会犯错，但要勇于承担错误并加以改正，朝正确的方向前进。最后，必须让孩子知道，接下来可能要面对他人不友善的目光，必须撑过去。

其中最重要的是，要让孩子建立自律的观念。如果通过“他律”改变自己，会让孩子不可避免地把焦点放在处罚或其他人的评价上，产生“只要不被抓到就好了”或“运气不好才会被抓到”等想法，而不去认真地反省自己的错误行为。

如果想要帮助孩子建立自律的观念，父母平时最好表现出重视动机与过程的态度，如果没有做到这些，孩子就会很容易为了成绩或结果而作弊；练习站在他人的立场思考问题也是很好的方法，常常思考“那个人的心情怎么样呢？他在想什么呢？是因为什么缘故让他做出这样的行为呢？我的行为对那个人会产生什么影响呢？”这类问题的人，在生活中会更有道德观念。

考试碰到不会做的题目时，脑子会一片空白

无论学习好坏，每个处于青春期的孩子，普遍存在考试前后压力过大的现象。

父母需要引导孩子明白：结果很重要，努力与过程也非常重要。

在我还是学生的时候，有一个朋友只要快到考试时，就会因为感冒而变得状态很差，当他说“因为感冒都没办法好好读书”时，我总会冷嘲热讽地说“又感冒”，并对他总是在“特殊时期”病恹恹的样子感到反感。但是仔细想想，这个朋友的模样其实并不陌生，当我碰到感觉有负担或压力的事情时，状态也经常会变得很差，要花费更多的精力才能把事情完成，每当这种时候，我就会不自觉地为自己找借口，说“这次是因为状态不好，所以才无法尽全力去做”。

之前有一个前来进行心理咨询的孩子，每当考试来临时，就会因为压力过大而感觉身体不舒服，甚至为此经常去医院。他说虽然学习很认真，却不知道为什么，只要到了大型考试，那些平常可以轻松解决的问题就会变得很难，成绩也总是比预期的低，他因此感到很痛苦。“碰到回答不出来的问题时，脑子就会变得一片空白。要是刚好第一道题就不会做，那整个考试就完蛋了。”这个孩子每次在填答题卡时，都会因为害怕填错格而紧张不已，总是检查两三遍，因此把时间都浪费掉了。

其实，无论考试结果如何，大部分的学生在考试前后都会面临很大的压力。每个孩子缓解压力的方法都不一样，有的孩子会制订读书计划，有的孩子则是直接跑去网吧或游乐园玩。对于后者，经常会被人误解，人们往往认为“爱玩的孩子才不会有考试压力”，事实上，这些孩子可能也想读书，也想提升考试成绩，但是因为完全不知道要从哪里开始，也不知道该怎么读，所以干脆把书本合上，与其笼罩在巨大的压力之下，不如沉浸在玩乐中，暂时忘记压力所带来的不安。对于前者来说，虽然适当的不安与紧张会带来读书的动力，但过度的不安与紧张也很容易让人对考试心生恐惧。

考试带来的压力真的非常大，很多孩子都会感到不安与紧张。除了在拿到考卷的那一刻脑子一片空白之外，孩子也经常在诸如歌唱比赛中因为紧张而声音颤抖，这时如果身体出现不舒服的症状，如发抖、心跳加速、头痛、肚子痛，那真是雪上加霜，让人饱受折磨。

特别是一些个性过于小心谨慎、追求完美的孩子，他们从周围的环境中很容易感受到负担与压力，面对竞争再加上激烈的社会环境与父母的过高期待，就会让孩子在考试时更加不安。

若孩子会因为考试或才艺表演感到不安，父母可以采取一些方法，帮助孩子减少心中的紧张感，缓和孩子的情绪。比如，做一些让身体各部位用力之后再放松的运动，如冥想、深呼吸、想象练习（在脑海中先模拟与预演考试等场面），等等。面对这样的孩子，父母也可以让他们在平时加强练习，做到足够熟练，在考试时就能够反射性地答题或熟练地应对。但是请注意，如果只是毫无计划地增加练习量，反而会给孩子造成更大的心理负担，所以父母也要根据情况，适时地告诉孩子不要太勉强自己。

父母有时候对孩子说“尽力去做就好，好好考试”，也会给孩子造成压力，不妨对孩子说“读书辛苦了，一定很累吧？衣服穿暖一点喔！”等温暖的话语，来传达对孩子的关心。此外，父母如果不想对孩子有不切实际的期待，就要以客观的态度看待孩子的学习能力。如果孩子的认知能力不错，可是成绩不如预期，父母不能单纯地觉得只是孩子不够努力，而是要找出背后的原因，比如是“因为没有目标所以没办法找到适合的读书方法”，或是“因为情绪的问题而无法集中注意力”，先确定是哪一方面的问题，再给予孩子适当的帮助。另外，也不要在孩子因为很努力而取得好成绩之后，强调或期待他们要表现得更好。对于已经做得很棒的孩子，最好经常对他们说“太累的时候休息一下也没关系”等话语，以表示自己对他们的关心与鼓励。

孩子考试结束后，好好地安抚他们的情绪非常重要。请对孩子说“考试辛苦了，你一定很累吧”，对他们的努力与内心的煎熬表示认同。此外，如果在考试这段时间内对孩子有不满的地方，不妨在成绩公布之前先和孩子聊聊，因为如果成绩没有达到期望值的话，父母可能会在聊天时发脾气。

对于平常很用功、成绩也不错，却经常担心考试或考试成绩的孩子，父母可以引导孩子“接纳当下”，以此来缓解他们的压力。“你现在压力这么大，是因为对自己的期望太高了。虽然把标准设得高一点很好，会为了变得更好而更加努力，而且成功的可能性也会更高，但是不要把自己逼得太紧了，你已经很认真了，不是吗？这样的态度非常好。”如果父母可以这样和孩子聊天，帮孩子掌握让内心变平静的方法，那么以后不管发生什么事情，孩子都能够更有安全感、更自信地去处理眼前的问题。

我常常对女儿说“我们 ×× 读书的成果真的很不错呢”。父母应该让孩子了解“不管做什么事，只要下定决心就会离目标越来越近”，也可以对孩子说“像现在这样持续努力下去的话，一定会有更好的结果的”，让他们知道努力与过程都非常重要，即使没有得到想要的结果，他们所付出的一切努力父母也全都看到了。

如果考试成绩提升 × 分以上，就会有奖励

当孩子的考试成绩提升与物质补偿挂钩时，自主学习就会变得更加困难。

父母在尝试帮助孩子学习时，最好不要超过孩子所要求的范围。

期末考试迫在眉睫，进入初中以后，功课比以前难了很多，因而许多孩子觉得学习万分痛苦。小学时，只要成绩达到某个水平，无论是谁都认为自己好像很会学习。但到了初中，通过考试了解自己在同学之间的学习情况之后，很多孩子对自己感到失望，而父母因为担心影响升高中或是大学，往往从这个时期开始给孩子施加压力。

有些父母会因为孩子有自己想学的东西，所以对学校的课程完全不用心感到很无奈，于是就跟孩子说如果期末考成绩提升 × 分以上，就会按照约定给孩子买他想要的东西，如果孩子对父母提出的条件有回应，父母会觉得很满足。但是，根据补偿做出努力的副作用也很多，我对此有些担忧，特别是努力的代价是用物质来补偿的时候，缺乏自尊心的孩子很容易会用这种方式来确认自己的存在感。还有的孩子因为父母每次都会有所补偿，从而不愿主动地学习。

有时候，孩子在学习时会向父母请求帮助，父母会因为不知道该帮到何种程度或如何帮助而感到为难。这时，可以依照孩子想要的方式，坐在一旁帮忙解题，在解题时也可以发出声音，帮助孩子记忆，但是父母需要调整自己易焦躁的心态。如果在一旁看到孩子遇到不会的题目就心急如焚，直接告诉他正确的解答方法，孩子在考试时便很难独立思考，因此不如多花一点时间等待，让孩子学会自己解决问题，并在解题的过程中获得自信。

有些妈妈即使孩子学习到半夜，也会陪在一旁。有一次，上初三的儿子觉得学习很累、很辛苦，就问我："妈妈，可以陪我一起学习吗？"在那之后，如果孩子希望我陪他学习，我就会一边做自己的事情，一边陪着他，中间会时不时地问他累不累。其实陪伴孩子并没有固定的模式，只是父母在进行尝试时，最好不要超过孩子所要求的范围。如果孩子不需要陪伴，他们就会觉得父母的陪伴是一种监视。随着孩子不断长大，越到高年级越需要独立学习的空间，如果父母过度关注孩子，可能会影响孩子自主学习的能力，也会削弱父母与子女之间的信赖关系。当然，也不是让父母撒手不管，只需在孩子提出请求时及时给予帮助即可。

父母也需要帮助孩子根据自身的能力设立一个切合实际的目标。比如，从五十分提升到六十分；至于成绩中等的孩子，可以先挑选一两个科目进行挑战，帮助孩子累积"成功的经验"，如果孩子有了成功的经验，在除学业之外的其他领域也会逐渐树立自信心。

怎么才拿这么几分？真是太令人失望了

当处于青春期的孩子做错事或犯了错误时，往往会因为父母不当的态度丧失自信心。

父母不妨告诉孩子“错了也没关系，就算失败也没关系，这些都只是累积经验而已”。

我的孩子有一件非常想做的事，但是到了甄选考试的前一天，他的心情突然变得很不好。他对我说：“突然就变得很不想做，觉得很烦，感觉不管怎么做都做不好，只不过是在浪费时间而已。”孩子虽然那么说，但也不是真的要放弃的样子。

于是我安慰他：“你实在是太想做到了，所以才会担心。就算失败也没关系，经验比较重要，尽全力试试看吧。”但即使是这样，他内心的不安也丝毫没有减少。

我的孩子为什么这么没有自信呢？我从来没有直接对孩子说过“好好地做”“一定要合格、一定要拿一百分”“怎么才拿这个分数？真的令人太失望了！”之类的话，也没有给他过多的负担。我也想过这会不会是因为孩子的天性，但是仔细想想，当孩子犯错的时候，我所作出的回应，有些似乎是有问题的。就在前几天晚上，孩子居然忘了前一天已经交代过的非常重要的事情，我的火气瞬间就上来了，忍不住脱口而出：“妈妈不是讲过了吗？你居然还是忘了？你啊，真的是！”对他唠叨了一番。

父母希望孩子做任何事时都能全力以赴，不害怕犯错或失败，勇敢地去挑战。就算决定放弃，也不要拖泥带水、洒脱地放手。然而仔细想想，这些要求连父母自己都做不到，却奢望孩子能做到，这难道不是我们的贪念在作怪吗？事实上，有时候父母的支持与鼓励反而会让孩子的意志更加消沉，让他们觉得自己是没用的人。

你是不是经常对孩子说“要全力以赴地去做”“只要努力去做就可以了”“你一定做得到”“再试试看，不要放弃”之类的话呢？仔细想想，我们是不是过度强调了“一定要持续努力让自己更好、更进步”这一理念，因此造成孩子觉得只要不努力就会发生不好的事，就代表自己的能力不足呢？我们是不是无意间创造了一个无法容忍孩子做不好的环境呢？

“错了也没关系，就算失败也没关系，这些都只是累积经验而已。”以这样重视过程的态度和孩子沟通，才能帮助孩子不背负太多负担，为自己真心想要达到的目标付出努力。父母必须让孩子知道，这世上没有永远成功的人，也不是做任何事都能获得成就感，就算努力也可能会遭遇失败，而且我们也不可能每分每秒都在为所做的事情全力以赴，能力所及的事情越多，必须放弃的事也会越多。

放弃并不等于失败，懂得在适当的时刻放弃也是需要很大的勇气与智慧的。身为父母的我们不是也很清楚人生中不可能只有成功、快乐的事情吗？给孩子可以选择放弃的自由吧，我们必须要教导孩子：“就算是自己下定决心要做的事，偶尔选择放弃也是可以的。”

关键
对话 13

貌似有点厌学

老是因学业被唠叨，会有想要跑掉算了的念头

若处于青春期的孩子向父母吐露课业压力被无视，或许会导致他们对生活失去期待。

身为父母，请确认自己对孩子读书与考试的态度，到底是希望孩子幸福，还是为了满足自己的欲望。

从几年前开始，学校在学期初时会让学生接受行为与情绪评量测验，目的在于了解学生的行为与情绪发展倾向，提早发现学生的心理问题，预防学生出现不良行为。这个测验中有一个问题和“想自杀／计划自杀”有

关，回答“是”的孩子往往有各种各样的理由，而“读书”就是其中一个。绝大部分因为学习而进行心理咨询的学生，都是因为学业压力才产生了自杀的念头，而且学业压力越大，这种状态持续时间越长的孩子，脸上越是面无表情。

我碰到过一个特别没有活力的孩子。从他小时候开始父母就对他的成绩期望很高，这让他负担很重，压力也特别大。那个孩子告诉我，他在小学高年级时就进行了心理咨询，“虽然那时候问题好像解决了，但是过一段时间后，心情又变得一团糟，这种状态一直延续到现在”。刚开始，无论对谁，他都能说出自己的心里话，而且只要有人听他说话，他就会感到很安慰。但是他很快又回到之前的状态，周围的事物一点儿也没有变化，他似乎因此对一切都感到心灰意冷，或许当时他唯一能做的，就是漠视一切。

“现在还比较好吧，什么都不去想，就这样生活下去，虽然不会变得幸福，至少能维持现状。”

“对所有事都很厌烦，只想一个人待着。除了读书，虽然也有想做的事，却没有自信做好，虽然爸爸妈妈都说读书比较适合我，但我不知道是不是这样。我也不喜欢玩，玩一整天也很累，因为功课只要一次没跟上进度，之后就很可能一直跟不上，所以我从来没有和朋友尽兴地玩过……”

“因为学业被唠叨不停的时候、考试的前一天、无聊的时候、觉得很累的时候，就会有想要自杀的念头。”

“我不知道爸爸妈妈到底知不知道，因为觉得跟他们讲这种事情他们会很烦。就算爸爸妈妈问起，我也只讲和朋友有关的事。”

当我将孩子的情况告诉他的父母时，发现想从他们那里得到正向的反馈实在是太难了，这让我有点儿沮丧。父母通常会觉得“处于青春期的孩子本来就比较敏感，只要稍微累点儿就想死，这些都是暂时的吧”“我看孩子的状态并没有那么严重”“等以后回过头来看，这些根本就不是问题啊”。

有时候，父母为了让已经疲惫不堪的孩子打起精神，暂时允许孩子做自己喜欢做的事，等到觉得孩子精神稍微恢复之后，又再度把孩子丢回原本充满竞争的环境；有时候，父母会把孩子遇到的困境重点放在人际关系而非学业上，甚至还因此帮孩子转学。

回到刚刚提到的孩子，他知道就算跟父母吐露学业上的困扰也没用，所以就放弃了。即使父母问起来，他也只挑他们愿意听的说，反正对于一些事情，他的父母听不进去也不愿意相信，只是一味地认为只要让他跟水平相当的朋友们待在一起，就能专心读书。

在那次心理咨询之后，我再也没有机会听那个孩子倾诉他的烦恼了，我真心希望他遇到更喜欢的事，再度点燃他内心的激情。我无法帮助所有的孩子，也很清楚自己没有那样的能力，但是像这样错过了帮助孩子彻底走出困境的机会，我总会有好长一段时间感到惋惜。

在读小学时，会有才艺表演之类的活动来认可孩子的其他才能，也有很多机会让孩子们发挥各自的能力。但是在进入初中以后，很多情况都变了，无论是在家里还是在学校，除了学业，其他的事都被认为是不重要的，一切都以读书为先，孩子们也会发现，“如果成绩不好就不会有好脸色看，就不会受到热情的对待”，学业和成绩的负担也因此变得越来越沉重。

孩子平时就被学业压得喘不过气来，若再加上期中考试成绩不理想，就很容易因为一些无足轻重的小事大发脾气、哭哭啼啼。当我们听到其他父母说这样的情况时，一方面觉得孩子可怜（其实自己的孩子也有相同的情况），另一方面又觉得孩子若想在如此艰难的情况下生存下去，就必须做好准备，变得更强大，因此不断地告诉孩子“想要跟我们一样过得这么辛苦吗？你应该上好大学、进好公司，好好生活才对”“如果以后想要过上跟我们一样的生活，至少要在功课方面跟上才行啊”。

作为希望孩子生活得幸福的父母，我们应该认真了解自身的欲望，以确认自己对读书与考试到底抱着怎样的态度。有些父母，虽然嘴巴上说“不想补习就帮你退掉”，其实只是一边用这样话刺激孩子不安的心，一边引诱孩子继续去补习班。在现实生活中，这样的父母非常多，他们只是巧妙地掩盖了自己的欲望，并从心底里相信自己已经摆脱了这种欲望。这和那些不去了解孩子在学习上遇到的问题，只知道让孩子“去念书”，一天到晚唠叨个不停的父母一样，都是在让自己的欲望主导孩子的一切。

无论功课好不好，孩子们都会有考试压力，所有人都希望自己的功课很好，很会读书，也很会考试。请千万不要对孩子说“不好好念书，到底有什么压力？”“还不快去念书？拜托你认真一点好吗？”等充满情绪性的话，这只会激起孩子们的反抗心理，取得相反效果。另外，像“成绩达到第 × 名，× 分以上的话，就让你……”“如果成绩没有进步就没收手机”这类用奖赏或惩罚来作为孩子学习的诱因也不是非常好的方法，这也许短期内会看到效果，但是经过几次的利诱或威胁之后，孩子很可能会产生抗拒心理，最后表现出更强烈的反抗行为。

不可能所有孩子的成绩都很好，成绩并不是用来和其他孩子做比较的，而是让孩子知道当自己尽最大努力用功时能取得的成果，以及不用功会导致的结果，让他们知道要想取得好的成绩必须付出多少努力。而在这个过程中，父母应该做的就是询问孩子怎样才能帮上忙，并在孩子需要帮助时提供帮助。如果孩子希望父母陪在身旁，以提升他们的学习动力的话，父母就要尽力陪伴；如果孩子觉得父母在旁边会有受到监视的压力的话，父母最好用其他的方式去陪伴。

另外，“无论如何都要在首尔，否则就不让你去读大学”这样的过度期待虽然不好，但不管孩子的实力怎样就对他们说“随便上个两年制大学也可以”也不好，因为从孩子的角度来看，他们会觉得这句话代表“父母已经放弃我了”。希望父母不要将对孩子的失望或是愤怒，在面对孩子时用负面的方式呈现出来，给孩子带来伤害。

父母不要责怪自己没取得成就，也不要责怪孩子不够优秀，请先暂时闭上眼睛做深呼吸，轻轻地放下心中因不断追寻着什么而带来的不安与焦虑。然后扪心自问：我希望在孩子眼里是怎样的父母，是怎样的人？我希望孩子对自己有怎样的感觉呢？这段日子以来，我是不是太过于看重自己作为父母的角色，而忽视了自己的人生呢？我是不是把孩子视为自己遗憾的延伸呢？人生是那么的有意义，我们也要让孩子靠着他们自己的力量成长，去拥有属于他们的人生。

初三开始认真念书，能考上我想要上的高中吗

「

处于青春期的孩子的课业压力除了升学，还来自对未来的迷茫和不确定。

请父母全然接受孩子的心，同时制定明确的“规则”，遵守“规则”是长大成人必经的过程。

」

谈到学校心理咨询室，许多人都会认为从这里进进出出的孩子，大部分是被班主任拖来接受心理咨询的，但事实上并非如此。当然，有一些孩子或是因为闯祸、顶撞师长被叫到心理咨询室，或是因为看起来实在是无精打采，在老师的劝说下被带去心理咨询室。而自己主动来心理咨询室的孩子也很多，尤其是最近几年，从小学开始，去心理咨询室进行心理咨询渐渐被认为是很正常的事。

主动到心理咨询室的孩子最常说的就是“莫名地觉得很烦、很郁闷”，这些处于青春期的孩子经常因为无法控制自己的情绪而感到很无助；他们

经常把“不想上学”“想要转学”“我不懂到底为什么要念书”“我又没有梦想”“去补习班真的太累了”这些话挂在嘴边；诸如男孩子希望再长高一些，女孩子希望再瘦一点的烦恼也不少；有一次，某个孩子甚至说“自己的愿望就是当无业游民，不想工作，只想有一间房子，并且靠着收房租生活”。

青春期的困扰也会因性别不同而有些许的差异。根据问卷调查显示，男孩子最大的烦恼是“学业、升学”问题，而女孩子最大的烦恼则是“人际关系”问题。经常听到女孩子苦恼地说“到昨天为止还在一起玩的朋友，今天突然变得很冷淡”。当然，学业对于女孩子来说也是最主要的烦恼之一，“怎么读书都考不好，爸爸妈妈总是一直给我施加压力”“又没有什么效果，还是逼着我一定要去补习班”。

事实上，即使是成绩不好的孩子，也会很在意自己在学习方面的问题，希望功课更好。特别是从初二下学期开始，越来越多的孩子开始在意学习问题，每次看到那些变得不安的孩子们，我总是很心疼。有孩子问我：“如果我从初三开始认真读书的话，还可以考上我想要上的高中吗？”以现实状况看，若初三才开始认真读书，考上理想的高中实在不是那么容易的事情，除非父母能给予支援，如送孩子去上补习班或是给孩子请家教。如果父母无法给予支援的话，就得靠老师或是地方社区支援，通过一对一指导来弥补孩子学习不足的地方，但是现有的社区教育辅助体系在这方面并不完善。

对于孩子学习方面的烦恼，身为心理咨询师的我，有几件事情想要请父母帮忙。首先，我最想要请父母帮忙的是——请不要催促孩子，不要对他们说“不要再玩了，朋友会给你饭吃吗”这类的话。当然，以父母的立场来看，孩子就像是被朋友“蛊惑”了一样，无法专心做自己的事，难免会担心他们。每当这个时候，请父母回头想想，在自己最艰难的时期，是不是因为身边有为自己打气、给予自己安慰与支持的朋友，所以才最终撑了过去呢？那么，请父母也理解自己的孩子，他们同样正处于需要朋友的阶段。

其次，我想要请父母不要和处于青春期的孩子当面起冲突。我在看到一直都很乖巧、温顺的儿子在小学五年级时某一次露出抓狂般的眼神之后，才意识到他进入了青春期。明明遇到的不是什么大事，孩子却突然大发脾气，砰的一声关上房门，把自己锁进了房间里。身为父母的我们，看到这样的情景当然很恼怒，但其实在那一瞬间，孩子可能也对自己起伏不定的情绪变化感到惊慌失措，这就是所谓的青春期。

有研究结果指出，孩子在青春期初期（小学四五年级到初中）时，对于他人情感的判断能力会暂时衰退，很可能突然不开心地对并没做什么的妈妈说“妈妈为什么要对我这么不耐烦”，然后闹得鸡飞狗跳。即使发生这种事情，也请父母不要和孩子发生剧烈的冲突，因为那样只会造成反作用，让情况恶化；但是父母也不要假装没这回事，因为如果孩子做出没礼貌的行为，挑战父母的威严，并成功让父母妥协，就会强化他们的这种负面行为。虽然一定要指正孩子不恰当的行为，但是当孩子的情绪太过激动时，最好先给他们一些时间，等他们冷静下来后再试着和他们对话。儿子第一次反抗的那天，我也是先给他一两个小时的冷静时间，等到他冷静下来后，才开口跟他说“妈妈吓了好大一跳啊”，儿子则平静地回答“我也不知道为什么自己会这样”。

最后，全然接受孩子，但也需要教会孩子遵守规则。遵守规则是孩子健康成长的必须，也是他们在这个社会上生活顺遂的前提。如今的孩子遵守规则的观念很薄弱，老师要求孩子放学后留下来接受惩罚，结果逃跑的孩子比预计的还要多；让孩子上完课后到教务处被孩子漠视，老师批评了几句，孩子却若无其事地说自己忘了。父母的言传身教非常重要，我们有必要从家庭教育开始，把自己认为最重要的、必须坚守的规则传递给孩子。让他们养成遵守规则的习惯。平时生活中我们必须注意自己的言行举止，当父母不断回头审视自己，努力让自己的言行举止尽可能地端正且恰当时，就会发现对孩子的影响真的很大。

在和孩子制定规则时不要执着于像“不要穿迷你裙”之类的小细节，对不属于规则范围的部分应该稍微宽松一点，这样父母在纠正核心问题时才更具权威。而违反规则的话，绝对不要采用像“禁止玩电子游戏一个月”这类的过度惩罚，或是采用强制剪掉女儿头发这类的暴力行为，这两种方式根本不会让孩子改变，反而会对亲子关系造成无法挽回的局面。

“当孩子出现触碰底线的行为时一定要马上制止”，这是我想向各位父母严正提出的对处于青春期的孩子的教养原则。但是在实施这个原则之前，父母必须先与孩子建立亲密的关系。在某些亲子养育指导机构里会强调这一点，但是在实际操作时并不是那么容易。挖苦讽刺“我就知道你会这样”，或是肤浅地安慰“没关系，都过去了，那种时候大家都一样”，对孩子都是没有帮助的，反而会让孩子觉得自己都难过得快要死掉了，父母却低估了这些痛苦。

再给父母两个方面的建议。一方面，请先倾听孩子的心声，好好了解孩子在想什么，比起教导孩子该怎么做，向孩子表达“你做出这样的行为一定有什么理由，可以告诉我那个理由是什么吗”更容易走近他们的内心。另一方面，父母在和孩子沟通的过程中，一定要注意保持彼此之间的距离，让孩子能够自己做决定，这样更有助于孩子健康地成长。

关键
对话 14

无权主导的暑期

爸妈的希望与计划 PK 我的需求与决定

当处于青春期的孩子按照父母的安排奔波在不同补习班时，很有可能会在某一瞬间陷入困境。

父母无须让孩子全权安排自己的假期，但他们的需求与决定应该排在第一位。

马上就要放暑假了，有一个孩子想到放假后被排满的补习班和紧张的学习计划，连一点儿休息的时间都没有，忍不住叹了一口气，但随后又因为自己也很在意功课，所以觉得应该要这样做；另一个孩子看了一本名叫

《花儿的希望》的书，书里面画有一根柱子，所有毛毛虫都沿着柱子，不断踩着其他毛毛虫，努力朝着高耸入云的柱子顶端爬去，但是当有些毛毛虫好不容易到达顶端时，却发现那里什么都没有。这个孩子说那个画面对他的冲击实在是太大了，他不想过那样的生活。

常常听到有人说，孩子的假期安排会影响他们的未来。听到这样的言论时，我虽然很震惊，却又忍不住竖起耳朵仔细聆听。其实，我也希望我家的两个孩子在暑假能够过得丰富又充实，可是又觉得有点对不起他们，因为在我小的时候，暑假时并不需要过得“丰富又充实”。

需要注意的是，那些按照父母安排的课程不停地往前奔跑、完全没有休息时间的孩子，很有可能会在某一天陷入困境。不过，这并不代表父母就应该让孩子全权安排自己的假期。虽然现在的孩子比过去任何时候的孩子更想成为自己人生的真正主人，但他们也需要比以往任何时候都多的帮助。

这一次的暑假，孩子应该做些什么呢？把他们送去某个能够培养符合社会所需的新兴人才素质的夏令营？全家出游或参加团队活动，轻松愉快地度过假期时光？送他们去补习班“充电”，让成绩更进一步？该如何选择，真是让人伤透脑筋。

不管如何选择，父母首先考虑的不应该是自己的希望与计划，而应该是孩子的需求与决定。将孩子送去夏令营接受挑战，以激发他们对某些事物的热忱与兴趣，却发现一旦回到日常生活的轨道上，他们又会恢复到原来的状态。即使决定让孩子把精力放在学习上，也不能整天都待在补习班，因为他们不可能一整天都保持高度的专注力，在短时间内进行有规律的学习反而会取得更好的效果。如果能在放假期间尝试某种高效率的学习模式，孩子在开学之后也许会在不知不觉中将这个模式延续下去。当孩子注意力不集中，或是对念书感到厌倦时，就要果断地停止学习，让他们好好休息一下。

放假期间给孩子留出充足的玩乐与睡眠时间也很重要。为了拥有美好的未来，孩子的玩乐与睡眠时间经常被牺牲，但是如果没有这些的话，孩子未来很容易会在处理问题、社会适应等方面出现问题。而手机或电子产品往往会在不知不觉中消耗掉孩子许多时间，导致他们无法准时睡觉，可以规定一个固定的时间，让孩子使用手机或电子产品。

另外，切忌想做或计划做的事太多，应该抛掉“再多努力做点什么比较好”的想法，适度删掉一些事项。

处于青春期的孩子有时需要一些独处的时间，去思考、解决问题、做自己喜爱的事情，这些经历都会成为孩子成长的养分，所以切记不要占据孩子独处的时间。

比起复习功课，我更想去割双眼皮

「

在处于青春期的孩子的暑期计划中，减肥、运动、割双眼皮与读书同等重要。

父母从小教会孩子珍视自己，会让他们更自信，而不是一味地通过外表寻找满意度和自信心。

放暑假之前，我在学校和孩子们一起制订暑期计划，结果孩子们笑着说："我们做不到！反正不可能啦！"

于是，我请大家把放假后想要尝试的事情，以及一定要做的事情通通列出来，其中计划读书的最多，其次是减肥和运动。对处于青春期的孩子来说，外表在不知不觉中变得越来越重要，所以当听到孩子说"如果太胖会被人排挤"这类话时，虽然觉得不太舒服，却并不奇怪。

在学校里，有很多孩子因为外表而承受很大的压力。曾经有个孩子就因为朋友开玩笑说"你眼睛好小"，便在暑假期间做了双眼皮手术；还有一个孩子，只是因为大腿部比其他同学稍微胖了一点，就一直逼自己减肥，结果造成生理期异常，让父母担心不已。

很多孩子在减肥时，大多靠着意志力节食，体重一下子减少五公斤甚至十公斤，我很担心这些孩子会不会因此患厌食症，导致进食障碍。

最近，父母对整形手术，如各种微整形、医美等的接受度越来越高，但是整形手术并没有想象中的那么简单，而且只要动过手术，就再也无法恢复原状了，而处于青春期的孩子往往善变，所以在做整形手术前一定要深思熟虑。

想要让孩子对自己的外表感到满意并且有自信，父母在孩子小的时候，就必须珍惜并真心去爱孩子原本的面貌。孩子如果在小时候没有得到肯定与认可，到了青春期就很容易对自己的长相挑三拣四。他们会认为，只要改变让自己感到自卑的部位，就会受到大家的喜爱，也会变得更自信。但是这样的想法让整件事情本末倒置了，只靠整形或微整形改变外貌，是不太可能让受伤的自尊心恢复或彻底改变自我形象的。

如果孩子因为长相苦恼，我们必须仔细聆听孩子到底对哪一个部位不满意。像“不要在乎别人的眼光，做好自己就可以了”之类的话，并不能消除孩子心中的困扰。比较好的方法是，让孩子了解长相不能决定成功和幸福，爱自己也无关外表，成为有价值的人才会让他人尊重与认同自己，并试着通过具体的事例让孩子认同这些观念。

另外，减肥也是一种自我管理。如果孩子能够以积极向上的态度作出选择并执行，是很有可能从中获得成就感的。父母可以陪在孩子身旁，针对孩子的身体状况，和他们一起讨论需要减多少斤、用什么方法减肥更健康等问题。“去运动”“不要再吃了”，这种指示性命令并不能给孩子提供太大的帮助，不妨帮孩子在饮食上做调整，或是每天晚上陪孩子一起去运动。

自主学习计划的核心是时间管理

处于青春期的孩子的暑期计划往往很难圆满完成，原因在于他们尚未学会自我管理。

父母不妨教会孩子通过预判事情的重要性与急迫性，给自己合理地制定目标，并陪孩子一起完成。

快乐的时光总是过得很快，一转眼暑假就快结束了。不久前还在期待暑假，满脑子想着放暑假一定要做的事和自己想做的事，但是一眨眼，新学期马上就要开始了。想到还没完成或还没开始的事，就忍不住觉得可惜，感叹时间过得太快了。

暑假刚开始没多久的时候，我也问了我家两个孩子的暑假计划，老大想要提升下学期的在校成绩，所以每个科目都安排了学习计划，但是因为排得太紧凑，执行起来好像有些难度；老二则是制订了要把喜欢的整套漫画看完、不要早起、一整天都待在自己的房间里什么都不做等计划，并对自己制订的这一计划很满意。

在假期就要结束的不舍中，是时候检视那些没有达成的目标以及思考下学期的生活了。不管是很认真地念书，还是很开心地玩，对于还不太懂得自我管理的处于青春期的孩子来说，都需要父母帮助一起做出规划，找出对他们来说最重要的事。

我以前试着和学校的孩子一起制订自主学习计划，其实怎么安排学习计划并不重要，重要的是要找出自己真的需要去做的事。可以是特别具体的内容，但也要问问自己“我想要怎样的人生”“我想要怎样的生活”这类的问题，然后把这些问题的焦点放在“今年”“这学期”“这次放假”，思考“现在想做的”以及“必须要做的”，并把它们一一列出来，如此就制订出一份很好的自主学习计划。另外，拟订自主学习计划是需要反复练习的。

这个自主学习计划的其中一个核心环节是时间管理，根据重要性与急迫性的原则排序，分为“既重要又急迫的事”“虽然重要但是不急迫的事”“虽然不重要但是很急迫的事”“既不重要也不急迫的事”四大类。

“既重要又急迫的事”可能是期末考试前一天临时抱佛脚火力全开地准备、明天的随堂测验、牙痛去医院等；“虽然重要但是不急迫的事”可能是持之以恒地预习、复习、阅读、事先准备几个星期后的小考、为了长高坚持跳绳等；“虽然不重要但是很急迫的事”可能是朋友打来的电话或发来的信息等；“既不重要也不急迫的事”可能是考试前一天看电视或漫画等。

至于处理事情的优先级，当然是最先处理“既重要又急迫的事”，这些事通常很重要，在时间上也很急迫，因此难免会伴随着压力；“虽然重要但不急迫的事”则需要在日常生活中持之以恒地去做，如果疏忽的话，很可能会转变成“既重要又急迫的事”。

在人的一生中，根据我们所赋予的价值与意义，每件事的重要性与急迫性都会改变，我们不可能永远只做重要的事，也无法说那些在人生交叉路口偶遇的趣事和变化对我们是完全没有价值的。因此，与其让孩子按照父母的标准来决定事情重要性与急迫性，不如培养孩子自己定下目标，并从这一过程中思考什么才是最重要的，又该怎么选择比较好，之后再陪孩子一起检视。

与青春期孩子的
18场关键对话

第四部分

青春期的亲子关系危机

PART
FOUR

关键
对话 15

慈母“不慈”

管好你自己吧，是妈妈就了不起吗

处于青春期的孩子可能会因为突然的情绪波动，出现烦躁、发火、敷衍等行为。

父母切忌用权威来“报复”孩子充满攻击性的言行，不妨按下暂停键，给彼此一些冷静的时间。

处于青春期的孩子愤怒的眼神背后往往深藏着不安。孩子面对出生后第二次成长高峰期带来的剧烈的身心变化，可能会因为一下子无法承受而产生巨大的情绪波动：莫名的烦躁、突然涌上心头的怒火、敷衍等。父母因为不知道如何解读这些信号而产生误会或发生争执的情况非常多。

在和家中有处于青春期的孩子的父母进行心理咨询时，经常听到他们说孩子讲话时很没有礼貌，甚至把脏话挂在嘴边，说出如“神经病！你才管好你自己呢！”“妈妈有什么了不起？”“发什么疯啊！”等伤人的话。

孩子在青春期阶段，可能会对父母做出很多不恰当的行为，比如，大声地顶撞、用力甩上门。跟父母说话就像和同龄朋友说话一样，用语不礼貌，说脏话，甚至有时候脾气上来，还会推搡父母或对父母动手。不过，他们在外面不一定会出现这些行为，甚至在外人看来他们很乖巧、很优秀。孩子做出这些行为，有可能是一时的情绪所致，也有可能是长期以来积累的家庭问题引发的情绪爆发。如果是因为前者，通过适当的教育引导就可以解决；如果是因为后者，就必须找到问题的根源。父母也需要改变自己教育孩子的方式，如果孩子的情绪波动一直都很大，最好对孩子进行心理治疗。

对于孩子的攻击性行为，父母初期的应对方式非常重要。当孩子说的话超出父母与孩子之间应该有的界线时，父母一定不要粗暴地回应。粗暴的回应不仅会让孩子加重对父母的防御，还会让孩子把错误归到父母身上。另外，因为被孩子的气焰压制，有些父母可能会选择回避闪躲，干脆假装没听见或当作没这回事，这样的行为其实是默许孩子的不良行为。

遇到这种情况，父母最好留出几分钟的时间，让彼此冷静一下，等到自己愤怒的心情稍微平复，孩子也恢复理智时，再以果断的态度让孩子知道这种行为是不被允许的。

“妈妈现在有点不知所措，是我说了什么或做了什么让你很不开心的事情，还是有其他事情让你感到不舒服？希望你可以告诉我。”给孩子解释的机会，并告诉孩子，“这种事绝对不能再发生，再生气也不能这样说话，以后可以换个方式来表达愤怒”。

父母不能因为“反正孩子也不懂自己的内心”，就用“这些行为都是这个时期会发生的”来说服自己视而不见，这不是包容，而是漠不关心和放任不管。身为父母，就算害怕孩子受伤，也必须态度坚决地制止孩子的不良行为。

我虽然经常碰到情绪起伏不定的孩子，但每次面对他们时，我还是会容易不知所措。有一次，我在一年级的课堂上进行每周一次与品格相关的活动，结束时我要求学生上交活动心得。其中有一个学生很快交上来一张白纸，于是我要求他写好再交，等他终于写完交给我时，他竟把纸往讲桌上一丢，语气很不好地说“现在可以了吧”，转身就离开了。

当时的我非常错愕，一句话也说不出来。这个孩子从课程一开始就不愿意合作，就算在他还没有做出这样的举动之前，他在课堂上的表现就已经令我非常不满意了。回到心理咨询室后，我心中不停地冒出“这是什么状况？”“他为什么这么没礼貌？”“我的行为有问题吗？”“该不该把他单独叫来，聊聊他的态度问题？还是假装没这回事，顺其自然比较好？”等想法，觉得很不舒服。

我虽然看到过许多暴躁易怒的孩子，但还是第一次遇到这么直接顶撞自己的孩子。因为我一直认为“自己应该是个不错的大人，也是个和孩子们挺合得来的老师”，所以在发生这件事后我很受伤害。虽然我也试着理解孩子，但是跟纠正他的行为相比，我似乎更想发泄自己因受伤害而愤怒的心情，并因此郁闷了一段时间。

心情稍微平复下来之后，我的脑海中浮现出那个孩子当时叛逆又愤怒的眼神，而在他的眼神中，我似乎也看到了他不安的情绪。于是我开始猜想当他用那微微颤抖的声音说“现在可以了吧”的时候，究竟抱着什么样的心情？他究竟有多么不自在？

过了一个星期，当我再去那个班级上课时，我用自在的表情面对那个孩子，也会在活动中悄悄关心他。过了一段时间，那个孩子看我时的眼神温和了许多，我们的关系越来越近，也开始聊一些其他的话题。

许多孩子在情绪稳定下来之后，会说“我也不知道当时为什么会那样”“就连我也不懂自己的心”。当孩子觉得没自信或软弱时，便会感到不安与害怕，因为他们不想别人发现自己脆弱的一面，无意识中就出现了攻击性的言行。已经是成人的我，回顾自己的某些行为时，就会发现对这些情况并不陌生。

如果只把焦点放在孩子表面的敌对态度与行动上，我们就无法听到他们的真心。想要进入孩子的内心世界，我们必须学会观察他们言行举止背后的心情。如果可以，最好在孩子因为混乱不安而情绪激动时，给他们一些时间，等到他们冷静后再说。因为与理性地应对相比，大多数人倾向于直接反应当下的情绪，要是在情感上还没做好“接收”的准备，那么不管父母说得再多、再正确，孩子也是听不进去的。

更重要的是，父母也要给自己平复内心的时间，因为父母很容易用自己的权威报复孩子。就算不是故意要这么做，事后也觉得很抱歉，但有时还是会忍不住严厉地威吓孩子，或者对孩子大发脾气。即使是我，也不敢自信地大声说自己从来没有对孩子做出情绪上的报复。在我受伤的情绪还没有恢复时，我也很难控制自己的行为。对那些来到身边寻求帮助的孩子，我偶尔也会用冷冰冰的态度或不开心的语气对待他们，也曾经因为不想面对他们的心情就假装没看见，或是不理会他们的需求，每当事后想到这些，都会感到羞愧、后悔和心痛。

请记住，绝对不要报复孩子攻击性的言行。只有当我们用宽容的心去接受孩子不耐烦、愤怒、别扭或反抗的行为时，孩子的心理才会变得更健康。

妈妈很累，赶快把东西清一清

处于青春期的孩子通常会以父母的话来定位自己，并反复确认自己是不是“重要的人”。

父母最好的反馈是在孩子需要的时候，用他们希望的方式去回应。如果不知道怎么做，不妨直接问孩子吧。

女儿上小学一年级时，我参加她的家长会。每个孩子的桌上都放着一张自我介绍，上面有一项“最常听到妈妈对我说的话”，我看到女儿写的是“妈妈很累，赶快把东西清一清”，这让我有点儿心痛，因为在与孩子的无数对话中，竟然只有这句话刻在了孩子的心上。

我很好奇，如果再问现在已经进入青春期的女儿同样的问题，她会怎么回答？每次想到那次家长会女儿写的那句话，我心里就会涌起一股歉意，于是下定决心要对孩子好一点儿。然而，当我被日常生活中的琐事搞得筋疲力尽时，我还是会不知不觉地把疲倦与烦躁发泄在孩子身上，因此我再次决定，就算做不到对孩子完全不发脾气，至少也要减少发脾气的次数。

在学校为孩子们进行心理咨询的过程中，也会听到许多孩子平时与父母的对话，我一边认真倾听，一边感到抱歉，想着我的孩子或许也是这样的心情吧。那么，到底哪些话会让孩子受伤害？哪些话会让孩子从中获得力量呢？

我偶尔会和学生一起玩“讨厌听到的话”宾果游戏。孩子们非常喜欢这个游戏，边玩边思考自己会对什么话比较敏感，还可以通过游戏知道其他同学对这些话的反应与想法，“原来不只是我这样啊”“原来可能因为这样的事情觉得很累啊”，一方面感到安慰，觉得大家的看法都一样；另一方面也了解了其他人的情况，并变得可以逐渐接受不同的观点。下面是宾果游戏中孩子们“想听到父母对自己说的话”以及“不想听到父母对自己说的话”，排名越靠前表示越多人这么认为。

想听到父母对自己说的话：

“今天很累吧”“辛苦喽～”“做得好”“很努力很认真呢”“没关系”“我爱你”“多休息”“这个程度已经足够了”“对不起”“我家女儿最漂亮了”“我们去吃好吃的吧”“来，给你零用钱”“去玩吧”“照你的意思去做吧”，以及其他称赞等。

不想听到父母对自己说的话：

“去看书，你什么时候才会去看书”“××这么棒，你为什么这样”“不可以、不要这样、停下来”“你不可以、你做不到”“你只能做到这样而已”“你看看你变得多胖”“整理一下房间”“这样的话，你为什么要出生”“你长大了能干吗”“你现在在哪里”，以及一些脏话等。

孩子通常会以父母的话定位自己，并反复确认：“自己是不是重要的人？是不是还不错的人？是不是值得被爱的人？”对孩子来说，没有什么比父母无心的一句话更有影响力。孩子遇到了困难或筋疲力尽时，父母却说“不是只有你辛苦，别人也这样，这世上还有比你更辛苦的人啊”，这类话只会让孩子莫名地感到委屈，让他们像一个泄了气的皮球般了无生机。孩子想听的并不是客观性的评价，也不是事实，他们只想听到父母温暖地对他们说“你已经很努力了，辛苦了”等认同或支持他们的话，让他们可以再次振作起来；不小心犯错时，想听到父母对他们说“没关系，再做一次就好了”等安慰与鼓励的话，就算做得不好，至少自己的尝试与努力被认同了。当孩子觉得真实的自己被他人接受了，就能更好地了解自己的情感与优点；而当孩子觉得弱点及缺点被他人认同时，他就能更完整地接受自己，自信心也会提升，成为一个心灵更加健全的人。

要和处于青春期的孩子好好沟通并不是一件简单的事，就算是面对完全一样的情况，孩子和大人还是会有不同的想法，听到不同的内容的情况也常常发生。有时候就算父母总是对孩子说爱他们，在行动上也付出了关爱，但是孩子仍然感受不到；或者父母觉得已经给了孩子很多，但是孩子仍然不满足。最好的方法就是在孩子需要的时候，用孩子希望的方式去回应。如果不知道怎么做，不妨直接问孩子吧。如果想要得到回应，父母平时不能只是向孩子灌输自己的想法，而是要仔细倾听那些孩子没说出口的话。父母应先仔细观察孩子，并根据平时观察到的线索，将心中的想法与感受传达给孩子，这样就可以更好地了解到孩子的真实感受与想法了。

你今天跟孩子说了些什么话呢？“爸爸妈妈深深爱着你”“想要听听你的心声”“需要帮忙的时候，无论何时，爸爸妈妈都会给予你力量”“爸爸妈妈永远都会陪在你身边”……试着回想一下，今天是否也向孩子传达了这些信息呢？

妈妈说“你随意吧，我已经放弃你了”

处于青春期的孩子与父母发生冲突时，偶尔会以发狂的眼神和尖锐伤人的言语伤害父母。

父母可以尝试用温和的态度接纳孩子的个别偏差行为，但要果断、坚决地制止他们太过越矩的行为。

不知不觉中，儿子已经高出我一截儿了，现在彼此拥抱时反而是我被孩子抱在怀里，或者是孩子使出“礼貌腿”配合我的身高。也许是因为这样，最近我常常会觉得我说的话或是我的心意都不再像以前那么贴近孩子，而孩子陌生的反应也常常让我不知道该怎么去接近他。我虽然有时会对孩子说“伤了你的心，没有好好听你说话，妈妈觉得很抱歉”，但是有时候也会想要反过来听到孩子对我说“刚才对妈妈太过分了，对不起”。

我有时会听到孩子或是父母说自己跟妈妈或是孩子正处在冷战中。无论是在我们家，还是在那些孩子的家里，父母与孩子之间都会为了一些琐碎的小事发生争论，你一言、我一语，讲到后来彼此干脆闭上嘴巴。父母虽然很生气，却不知道该怎么表达或介入。

父母跟孩子对话，语调不自觉提高，引发口角之后，该如何化解这种不愉快又别扭的情况呢？如果是父母的过失，父母就要主动承认，先开口道歉。孩子犯错时，父母怒火冲天地发脾气，可是父母做错时，却一句话也不说，想要轻描淡写地带过，或是想把错都推到别人身上，这样的行为只会在孩子的内心种下反抗的种子。父母的道歉对孩子来说是一种认同他们的情绪与认同他们的存在的经历，而有着这样经历的孩子，会勇于承认自身的过错及失误，对他人的错误也比较宽容。

但是也经常会发生一种情况，父母说了“对不起”，孩子却不领情。例如，妈妈已经道歉，说了“对不起”，就认为事情已经解决了，可是孩子却觉得自己还是很纠结。

这时候要注意以下三点：首先，道歉太过频繁，会让人怀疑究竟是不是真心的；其次，道歉的内容不明确，父母必须明确地说出是为了什么而道歉，而道歉之后必须表现出想要改变的心意；最后，父母必须给孩子充分的时间，让孩子表达自己的想法、情绪与感受，并且仔细地倾听。

当父母道歉时，孩子可能会爆发出更加激烈的情绪，因为他们只有在把情绪全都倾泻而出之后，才会感受到自己是被父母接受的。

很多父母其实也知道，孩子发泄情绪时，其实就是道歉的开始，但是要听孩子将情绪全都发泄完，真的不是一件简单的事。一方面，在父母又忙又累的情况之下，经常会把最重要也最亲近的子女的事往后推，所以父母一定要常常提醒自己什么才是最重要的。另一方面，父母也会担心自己是不是太宠孩子了，或是会忍不住想，身为父母，一点儿威严也没有，如果被孩子视为好欺负该怎么办，因此并不会轻易地说出“对不起”这三个字。其实，不必太过担心这些事，父母真挚诚恳的道歉会让孩子成为一个温暖、勇敢的人。

其实，很多父母在和处于青春期的孩子发生冲突时，会被孩子那发狂的眼神以及尖锐伤人的言语吓到，觉得很受伤害。不久之前，来心理咨询的一位妈妈就遭遇了这样的事。虽然这位妈妈很严格，但是当养育大的平时就像朋友一般的孩子突然用“干吗那样”恶狠狠又陌生的眼神看着她的时候，她感到不知所措，特别害怕，“那模样不是自己曾经熟悉的那个孩子啊”。回家的时间越来越晚，在朋友家睡，经常想要在外面过夜，如果跟他说很危险不让他那么做，他甚至会靠说谎达到目的。妈妈骂也骂了，也跟孩子好声好气地说了，但是孩子的这些不良行为却越来越严重，导致父母与孩子的关系越来越疏远。

到了青春期，孩子的眼界开始往外扩展，并且时常带着挑战的眼神看待周围的一切。要了解这个时期的孩子的内心是很困难的，而孩子也爱用消极的方式去曲解父母的话语或行动。当父母面对这样的情况时，很容易觉得自己一直以来为孩子所付出的努力似乎全都白费了，也很容易感到失落、委屈、愤怒。

处于青春期的孩子的行为在某种程度上还是有所差异的。对于那些严重的病理行为，很难找到导致它们的直接且明确的原因，可能是因为孩子本身的气质，也可能是因为其他因素。但话虽如此，孩子在一般生活中常见的反抗及负面行为，大多可以从他们内心没有被满足这一方面找出真正的原因。例如，可能是父母无心的一句话或者某些行为在孩子心中留下了伤痕，也可能是在学校生活、人际关系、与学习相关的事情中受到了伤害。即使这些情形在父母或是他人看来微不足道，而对孩子来说都很可能是令他们无法呼吸的痛苦。

为了预防孩子与家庭、父母日益疏远，请父母不要出现太过激烈的言行，如说出“你这样的话就滚出去”“随便你，想怎样就怎样，我已经放弃你了”等气话，或是打孩子，甚至是把孩子的物品摔坏等。粗暴的言行只会导致孩子出现更严重的行为偏差，例如在一气之下夺门而出，最后演变成离家出走。千万不要以为“离家出走一定会吃苦，没钱的话就会回家了”，现在的孩子就算在外面游荡，也可以撑很长一段时间，而在这个过程中，潜藏着许多危险。

那么，身为父母的我们对于孩子的要求或是行为，该容忍到哪种程度呢？对于处于青春期的孩子的一些单纯的偏差行为，我们可以去接纳，但是对于太越矩的行为，我们仍然需要以果断、坚决的态度去面对与处理。例如，和朋友聊天互相夹杂着脏话与对父母骂脏话，用力地甩门与把门踹坏，对于不同的行为，必须以不同的方式看待，对父母骂脏话、用力地把门踹坏的情况都是需要父母以坚决的态度适当介入。父母必须清楚明确地告诉孩子自己希望他改变的行为，并要求孩子确实做到。另外一点也很重要，如果父母无法好好照顾孩子，无法建立健康的亲子关系，就必须抱着抱歉的心态，接受孩子彷徨的行为，并在一旁守候他们，直到他们内心的伤痛全都痊愈为止。

千万不要忘了，我们所看到的孩子，虽然眼神充满敌意，其实并不是他们的全部情感表达。就算孩子在某一瞬间看起来似乎很鄙视、痛恨父母，而在内心深处，他们仍然希望能够得到父母的关爱，仍然有一颗青涩的心，只是在发生争执的情况下，他们是不会承认自己的真实想法的，所以父母不要因此就觉得受伤害或者感到失望。

妈妈该不会把我攒的零用钱都花光了吧

处于青春期的孩子拥有属于自己的零用钱，并学会合理使用零用钱是非常有必要的。

父母有义务教会孩子使用零用钱的规则和界线，并告诉他们越线的严重后果。

我还记得在小学时代，放学后我总是和朋友们一起在回家的路上买零食吃，一百元钱（约人民币 6 角）就可以买一个软糖和一根火腿肠，或是一支鱼板、某种油炸食物。那时候父母并没有定期给我零用钱，只有在我需要购买学习用品或是家中经济比较宽裕的时候，父母才会给我零用钱，因此我从来没有预先拟订过用钱计划。

我也没有专门教过我的两个孩子什么经济概念或是管理零用钱的方法。从孩子小时候开始，我就把亲戚或是朋友给孩子的零用钱，以他们的名义存到银行里。不知道从什么时候开始，孩子们开始用怀疑的眼神问我：“妈妈，你该不会把我的零用钱都花光了吧？”我就把存折拿给他们看，并和他们约定，等他们再大一点儿，我就会让他们自己管理这些零用钱，也是从那时候起，我开始给孩子们零用钱了。

给零用钱的时候，父母应该先知道“给零用钱”的意义。定期给孩子零用钱等于认可孩子有选择的自由，也就是说，给零用钱等于给孩子经济上的自由，让他们可以去买想要买的东西，把钱花在想要做的事情上面。

如果以这样的目的来思考的话，什么时候开始给零用钱比较好呢？给多少合适呢？其实，这些问题并没有标准答案，父母根据家庭的经济状况，以及认为必须坚守的原则制定规则就可以了。首先，可以给零用钱的时间，应该是孩子跟父母提出需求，而且孩子有能力保管零用钱的时候，大概是在孩子上小学低年级、真正开始他们的校园生活的时候。而在父母要给孩子多少零用钱之前，必须先让孩子思考自己的零用钱会花在哪些必要的地方以及大概会花多少钱，再和孩子一起讨论并确定零用钱的数量；同时也必须让孩子知道，根据家庭的经济情况，零用钱的金额可能会有所变动。其次，父母必须和孩子一起讨论零用钱使用的范围，例如明确交通费、零食、学校要买的东西、文化活动消费等是否要算在零用钱里。我们家的情况是，对于交通费或是定期要买的学校物品，我会另外给钱，每个月给孩子的零用钱并不多。一开始一个星期给一次零用钱，持续了一段时间后，由于孩子的生活模式和消费行为并没有那么固定，所以就变成一个月给一次。

虽然给零用钱就是允许孩子可以自由地按照自己的需求花钱，但是也要培养孩子的责任感、特别是处于青春期的孩子，想买的东西太多，要花费的金额也会随之增加，因此父母与子女间也很容易因此发生冲突。父母需要注意的是，如果孩子一天就把零用钱都花光，那么再想买其他东西，就只能等到下次发零用钱的时间。父母绝对不可以因为孩子没钱就主动给他们钱。

给孩子零用钱和让孩子学习管理零用钱都是父母应尽的义务与责任。若父母一开始就完全放手，告诉孩子“你自己管理你的零用钱吧”，那与放任孩子没有什么区别。在其他方面也是一样，都必须先培养孩子管理的能力。对处于青春期的孩子来说，最重要的就是父母的指导，父母可以画定一条明确的“界线”，并且让孩子知道，当他们“越线”时会发生什么后果。

关键
对话 16

家有“严父”

我从来不敢对爸爸说“我好累”

> 处于青春期的孩子即使外表看起来强壮又活泼开朗，也会在某些时刻觉得好累又好烦。
>
> 父母平时温暖的言语与行动会给孩子带去无尽的爱，这份爱会在他们的自信降到谷底、产生自我怀疑时发挥最大的力量。

孩子如何知道父母是爱自己的呢？我小时候根本没有想过父母与孩子之间可以通过言语来表达彼此的爱，父母也从来没有对我说过“我爱你”

之类的话。长大后，虽然一样没有直接地表达过对彼此的爱，但是父母和我无论何时都知道我们爱着对方。

以前一个来进行心理咨询的孩子曾对我说：“我爸爸真的好可怕，所以我从来没有对他说过‘我好累’这种话。”这个孩子的爸爸十分严厉，只要他犯错，一定是先教训一顿，以致他根本不敢对爸爸提出反对意见，或是向爸爸吐露心声。

这个孩子平时总是吵吵闹闹、充满活力，朋友们觉得他看起来无忧无虑，老师们觉得他嗓门儿很大，不太谦虚恭顺，其实那正是他对谁都无法开口说“觉得自己很辛苦”的原因。一直以来都以强壮又活泼开朗的那一面示人，一个人忍耐了很长一段时间，因为“觉得很累又很烦”，所以来到了心理咨询室。而问他为什么觉得累时，他却只是说“不知道”“好像没有那样的事情”，在表达自己的情感时很笨拙也很别扭。被严厉又寡言的爸爸带大的他，比同龄的孩子懂事更早，不吵不闹，但也变成了一个不懂得表达内心想法的人。

“那是精神不正常的人才会做的事，为什么你要去？”“你会有什么觉得辛苦的事？”“绝对不准去心理咨询！”希望他能够坚忍不拔的爸爸甚至对他说过这样的话。就算害怕面对这样的爸爸，这个孩子仍然定时来接受心理咨询。“我想要了解爸爸，他实在是太不了解我了。”孩子这么说，他希望能和父亲沟通，分享彼此的心声。

通过心理咨询，他了解到自己与爸爸在“不懂如何用温暖的方式表达自己的内心”这方面非常像，他还说他大概知道爸爸在想什么，在没有妈妈的情况下，爸爸一个人把他养大，所以对他的期待很高，对他的管教也更严格，并习惯用责骂的方式表达内心的担忧。虽然现在爸爸还是经常因为反对或想要控制某些事而生气，但是他在面对这一切时，好像变得比以前更会应对了。

在多年的心理咨询过程中，我发现有些孩子只要谈到父母或是家庭时，永远只会说正面的话，即使有时候谈到了一些比较负面的话题，也会马上改口说“可是也不全是这样啦”，接着列出很多好的地方，似乎很担心所说的话会让其他人向父母或自己的家庭投以异样的眼光。虽然我理解孩子的心情，但是在这样的情况下进行心理咨询是很困难的，我会试着告诉孩子：“虽然父母的确给予你关爱，但是对你来说可能是不够的，如果那份关爱与你期望的不一样，也会让你不满或不舒服，这是非常自然的。”从而让他们安心。很多时候，只要负面的情绪得以充分发泄出来，正面的情绪自然就会上升。所以希望父母就算知道子女对自己有不满的情绪，也不要觉得孩子背叛了自己或感觉不舒服，明亮与黑暗、喜欢与讨厌本来就是一体两面，只有两面都看到的时候，孩子才能健康地长大。

我曾问学生：“什么时候能够感受到父母的爱？”孩子们的回答是：“被爸妈称赞的时候”“仔细听我说话的时候”“当我感到很累很烦恼，爸爸妈妈为我担忧的时候”“即使犯了错，也不会非常生气地骂我，反而安慰我的时候”“从补习班回到家，对我说‘很累吧’，轻轻拍着我的时候”“帮我过生日的时候”“拥抱我的时候”“看到我就对我笑的时候”“对我说爱我的时候”“帮我煮一顿好吃的饭的时候”“给我我想要的东西的时候”。

孩子可以从父母平时温暖的言语与行动中感受到爱，这份爱会在孩子的自信心降到谷底、开始自我怀疑时发挥最大的力量。

比起放假待在家，还是去学校比较好

当处于青春期的孩子经历来自家庭问题的压力时，内心的不安与烦闷会爆满。

父母不可能也无须给孩子展现自己完美的一面，让孩子了解自己的能力和压力，能更好地培养孩子的生存能力。

“最讨厌爸爸了，爸爸不要这样就好了”“不想回家”一个主动来心理咨询室的孩子这样说。爸爸因为职场问题让家里的经济陷入了困境，这个孩子每天都要面对喝很多酒、满腔愤怒与郁闷、吐得一塌糊涂的爸爸，以及完全不和爸爸讲话、身心俱疲的妈妈，他内心充满了不安与烦闷。

这个孩子来到心理咨询室的理由是什么呢？可能有些父母不明白为什么孩子会在外面谈论家庭问题。孩子当然知道不可能依靠心理咨询让爸爸拿到薪水或找到新工作，他之所以来到这里，只是因为爸爸妈妈没有多余的精力倾听自己的不安与压力，他觉得很压抑，想要找个途径抒发。

经过一段时间的心理咨询，虽然他的家庭问题并没有得到解决，有时候他还是会哭着说“感觉自己无能为力”，但是他似乎释放了些许来自家庭的压力，也开始关注自己的人生课题，会跟我分享成绩退步、担心期末考试、功课很难，在人际交往中受到伤害等不愉快。另外，过完暑假重新回到学校时，他说：“比起放假时待在家中，还是来学校比较好，至少有同学、朋友相伴，可以暂时放下心中的负担。”说完后他又哭了好一会儿。不过，他的学校生活在新学期稍微有了改变，原本觉得很困难的科目取得了显著的进步，也开始了新的挑战。

我见过很多有问题的孩子，有的孩子就像这个孩子一样，遇到问题时不会轻易陷入困境，很快就能调节好自己或克服困难，有的孩子则相反，因此，我经常思考两者之间的差异。我们在处理孩子的问题时，可以从“危险因素”（会让问题加重的因素）与“保护因素”（培养对抗问题或危险因素的免疫力，以及让危险因素的影响降到最低的因素）两个层面切入，这两个因素又可细分为影响个人智能、态度、行动倾向的个人因素；家庭因素；同学与学校因素；社会环境因素，等等。从这个孩子的情况看，他的危险因素有爸爸失业、家里经济陷入困境、夫妇失和、成绩退步等；而保护因素则有幼年时期从父母的关爱与认同中获得的自尊、父母教育他时所投入的热忱与关心、父母对他的信任与期待、认真诚恳的态度、想要做好的动机、成功做好某件事的经验、良好的学校生活等。

如果要帮助有问题的孩子，需要在减少危险因素的同时加强保护因素。那么面对这个孩子的状况，父母应该怎么做呢？可以先试着降低危险因素，例如，努力脱离失业的状况、试着改善夫妻关系、不要借酒浇愁、不要口出秽言等。但是在某些情况下，父母可能因为身陷困境，没有多余的精力做到上述的一切，或是就算努力了也无法如愿，总是很不顺遂。如果是这样，加强保护因素就变得非常重要。根据孩子的年纪，可以适当地将家庭面临的处境与困难和孩子分享，虽然很多父母会认为“孩子什么都不懂”，所以什么都不跟孩子说，但是父母不安的模样，不可避免地会让孩子更加不安；可是也要注意，不要将负担转嫁到孩子身上，或是以抱怨的方式发泄内心的压力。父母可以表现出内心的不安与担忧，孩子看到父母认同自身的情绪，就不至于被自己的不安与担忧击垮，从而能够坚强地生存下去。身为父母，不可能也不需要只给孩子展现完美的一面，请依照自己的能力范围与条件，培养孩子能够在各种处境中生存下去的能力。

对孩子而言，随着年龄增长，压力会越来越大，要承担的责任也会越来越多，因此，通过各种不同的途径去认识这个世界非常重要。当然，家庭的主要成员就是父母，以及彼此之间累积的信任关系，但是想要确认自己的价值也需要借助其他途径，例如，朋友、音乐或宗教信仰。所以，比起因为担心而对孩子加以阻止，孩子更需要的是父母的认同与许可，因为只有多去尝试才能成长。

“爸爸与我”是“老师与弟子”的关系

被父母介入太多的孩子到了青春期，容易因无法达到父母的高标准而怀疑自我价值。

相信“不按自己的计划走，依照孩子自己的方式去做也能够获得幸福快乐”类型的父母或许才是更好的人生前辈及教练。

如果以“爸爸与我”为开头写一句话，我会写些什么呢？我的孩子又会如何写这句话呢？有一个来心理咨询的初一孩子在这个句子后面写下了“老师与弟子的关系”。这个孩子的爸爸在看到考试成绩之后曾对他说“学校教育一点儿用也没有，你的学习能力也不行，在学校只是学到不好的东西，在学校交的朋友也不行，所以我说学校不好啊”，其中有好几天都没有送孩子上学。爸爸说这个孩子处于“对学习不适应的状态”，还说“问题在于太懒散不能自律，就算制订了计划，也没办法实践”。这位爸爸从孩子上小学时就开始教孩子学英文，“剩下的部分只要读教科书就可以了”，他像这样要求孩子自己读书；他在除学习以外的其他方面要求也很严格，对孩子生活中的大小事情都会介入，也不让孩子跟朋友一起玩或参与同龄孩子的活动。这个孩子到了青春期，在进入初中之后变得不再对爸爸言听计从，只要一有机会就想玩，所以他的爸爸认为学校生活对他没有什么帮助。

虽然可能达不到这么夸张的程度，但是有时候的确会看到有些父母对不太喜欢读书的孩子说“不读书的话干脆不要去学校”。其实，我时常会见到一些在上学时间连校服都来不及穿，就逃亡似的跑来学校的孩子。

在家境困难的环境中成长，没有受过父母或是周围人的太多帮助，只能靠自己努力完成学业与参加工作，这类“白手起家型”的父母，往往会对子女感到不满，因为以他们自己的标准来看，他们完全无法理解这些享有丰富资源却不好好读书，总是有许多不满的孩子。这些父母觉得比起结果，决定要去做的意志更重要，但是孩子都只是假装去做，敷衍了事。“以前没有这些，所以没办法做到，现在已经全部为你准备好了，你只要好好读书就可以了，但是怎么会连读书这一件事都做不好，真搞不懂为什么会这样！”这些父母一方面因为无法理解孩子而感到很郁闷，另一方面又觉得孩子的模样看起来既懒散又令人心寒，因此，为了要敲醒孩子“糊里糊涂的脑子”，就对孩子“下猛药”，不让孩子上学，而在这一过程中父母往往会口无遮拦地说很多伤害孩子的话，做了这些的父母心里往往会想：“就让他在家里好好反省吧，看看会不会清醒一点。虽然会在孩子心里留下伤痕，可是以后会变好的，所以没关系，只有强硬一点儿，孩子才会很快振作起来。”

“并没有对孩子要求太多”，这只是父母的主观想法。从孩子的立场看，即使只是做好读书这件事，就已经非常困难了。“真的不知道为什么要读书？我想要做别的事情。读书真的太难了，令人觉得厌烦。”当孩子说这些话时，不能只是敷衍地听听就算了，因为孩子其实也想要把事情做好。或许那些我们认为是帮助孩子的行为或事物，反而会让孩子变得更加软弱。

有很多凡事以自己的生活经验作为做事标准的父母，他们经常认为只有自己的做事方式才是最正确的，对于孩子生活中的大小事情都要掌控，要孩子凡事听从自己的指示。而孩子在这样的父母面前往往会变得畏缩胆怯、无精打采，变得更不安、更紧张，导致包括读书在内，很难会有好的表现，或是在必须要执行的事情上没有余力去表现自己，甚至因为自己无法达到父母的高标准而感到有气无力，也会认为自己没有存在价值，变得没有自信，不能说出自己“到底喜欢什么？对什么事情很擅长？”，如此一来，自然而然地无法切实计划自己的未来。虽然父母希望孩子至少能够和自己一样，或是拥有比自己成功的人生，但是孩子的世界并不会照着父母的期望运转，与父母期望的相反，孩子往往会因此失去信心，觉得靠自己的力量什么事都做不了，也很容易变成一个没有责任感的人，甚至对父母感到愤怒并加以反抗，最终偏离正轨。

我曾见过行为表现属于“球员兼教练型”的父母，他们既是场上的选手，同时也是教练。孩子在努力地自我成长与发展的过程中，这些父母像选手一样在场上奔跑，同时也像个教练一样，指导孩子前行的方向并对孩子下指令。虽然和孩子同在的画面看起来很美好，却很容易妨碍孩子在自主性或自律性方面的发展。由于大部分“球员兼教练”的父母自身的能力都很强，所以很容易要求孩子以他们的方式做事情，而且免不了有很高的期待。相信“就算孩子不按父母的蓝图走，以自己的方式去做也能够幸福快乐地生活”，在一旁帮孩子加油打气，让孩子可以靠自己过生活，或许这才是更好的人生前辈及教练吧。

关键
对话 17

爸爸妈妈的“温柔关怀”

我是一个被爸爸妈妈揍才会听话的人

在家暴环境下长大的孩子进入青春期后，容易脾气暴躁，自闭自卑，爱离家出走等。

虽然“棍棒”里藏着父母对孩子的爱，却很难让孩子真正感受到被爱。还可能误认为“使用暴力让别人痛苦是可以的”。

我家两个孩子性格都比较害羞，虽然我认为这是他们天生的性格，但偶尔还是会担心与自责，想着“是不是我对他们太严厉了？”“是不是我对孩子太凶了？”“是不是因为我把他们的本性压下去了，所以他们没那么活泼外向？”

回顾我对待和教育他们的方式，其实和我妈妈教育我的方式有许多相似的地方。虽然在我的成长过程中和妈妈的关系很亲密，但是只要我一犯错，她就会拿起棍子，那个瞬间的妈妈，还有那个瞬间发生的事都令我非常害怕，所以每次犯错、内心觉得很崩溃或被妈妈责骂的时候，我就会在心里告诉自己“再忍一下一切就会过去了”，试图让自己冷静下来。不知道是不是因为这样，我并不想用打骂或是太过严厉的方法教育孩子。不过，事情远不如预期得那么简单，虽然我能做到不打孩子，许多时候却没办法忍住自己的怒气或消除烦躁的情绪。

我见到过许多被父母伤害或在家暴环境中长大的孩子。父母的争吵对孩子而言，就好像灵魂被撕裂开来一样，于是有些孩子变得更加畏缩、内心更加封闭，有些孩子不愿意待在家里，选择在外面四处游荡，以消化内心的恐惧不安；被父母虐待的孩子的反应与前面所讲述的情况类似，有些孩子还会因为太害怕，一边说“没办法回家”，一边又说“是我做错了才会这样”。曾经有一个孩子，他时常看到妈妈被爸爸殴打，他试过去阻止爸爸的暴力行为，也试过和妈妈一起逃跑，但都失败了，到了初二时他开始独自离家出走。在跟他的妈妈面谈时，我看得出她是典型的家暴受害者，大概是暂时逃离丈夫的监视出来的，她看起来相当不安。一边担心孩子，一边又不断自责，心灰意冷的模样。孩子进入青春期之后突然变得粗暴，她甚至对自己的孩子心生恐惧。她说有时候孩子会对自己说脏话，也会出现暴力行为。

其实，我经常听到在家庭暴力的环境下长大的孩子在进入青春期后，对着自己长久以来觉得很可怜的妈妈大发脾气、口出恶言，甚至施暴，在不知不觉中越来越像他们的爸爸。他们可能是将一直以来内心不断累积的伤痕与挫折，对着比自己更弱的妈妈发泄出来，也可能是对无法守护自己的妈妈感到厌恶与愤怒，所以用这种方式宣泄出来。但很明显，这样的孩子身处充满危险与愤怒的巨浪中，没有办法得到保护。孩子很可能在对妈妈口出恶言或施予暴行的同时，又对自己的行为怀有沉重的罪恶感，在这样的情况下，孩子很可能会封闭内心或离家出走，在外面寻找慰藉，但无论哪一种情况，对孩子来说都很危险。

虽然教育孩子的方法有千百种，但是基本观念是固定的，那就是给予孩子足够的保护与足够的爱。那么，父母到底该不该在孩子做错事时，适度用“爱的棍棒”教训孩子呢？当然，棍棒并不会回答。父母这么做时，当时可能会有效果，但孩子的内心可能会因为羞耻与愤怒而受伤，最后造成彼此的关系决裂，真的到了那时，任何的管教方式都无法改善孩子的行为，还可能让孩子错误地认为“使用暴力让别人痛苦是可以的”。

虽然“爱的棍棒”藏着父母对孩子的爱，却无法让孩子真的感到被爱。再说，体罚的疼痛会在身体上留下记忆，在内心中留下伤痕，进一步让孩子建立起“我是一个被打也没关系的人”“我是一个要被爸爸妈妈打才会听话的人”的自我形象。想想看，这多么可怕啊！

想要改正孩子的错误行为，首先必须认同他们做得好的行为，只把重点放在做错的事情上，反而会强化孩子的错误行为。当然，若偶尔需要处罚，即使真的这么做了，也要让孩子感受到他对父母来说还是相当珍贵的。请记住，父母不能只是因为生气就处罚或体罚孩子。

总是考虑爸爸妈妈的感受，我什么都不行

很多处于青春期的孩子因为害怕达不到父母的期望，对自己步步紧逼，逐渐变得自卑、对生活失去期待。

父母将自己的经验和经历分享给孩子很好，但不是交给孩子一个完整的成品，因为只有真正经历过的人才知道什么是幸福。

一直到结婚有了孩子之后，我才终于体验并理解了为人父母的心情，那是我之前从来没有过的感受。当孩子生病或受伤时，我真心希望能代替他受苦；当孩子难过时，我也会跟着焦急、难过，希望能帮助他解决问题。包括我在内，许多父母都把人生的绝大部分的时间和精力花在了孩子身上，希望孩子能够像自己期待的那般幸福快乐。这样渴望孩子幸福的天下父母心，应该不会被人当作“父母的欲望”吧？

话虽如此，站在近处看着许多孩子经历的不幸与痛苦，我深切感受到的是父母对子女迫切期待的欲望。我常常听到孩子们说“因为爸爸妈妈所

以活得很累，爸爸妈妈不相信我，我什么都做不好，好想离家出走，无论怎么做都没用，只能硬撑下去……”，我也因此忍不住开始思考孩子们的幸与不幸。

父母希望子女幸福的心怎么会演变成满足自己的欲望的呢？虽然理由有很多，不过我想最主要的应该是“比起孩子希望的，父母更渴望实现自己对孩子的期待，并把它们强加在孩子身上”，就是在那一刻，单纯期待孩子幸福的希望，变质为满足自身的欲望了吧。在发生变化的那一刻，他们更重视自己的需求，所以就会对孩子说“就算现在会很辛苦、就算会感到不幸，但是这一切都是为了将来好”，轻易地将这一切都合理化，进而对孩子提出更多的要求，强行说服孩子，让他们背负更多。

父母有时候会因为孩子做错了一两道题没有拿到满分而觉得可惜，或是孩子明明拿了满分，却问除了他还有几个人考了满分；有时候孩子考了第二名，父母却还不满足，硬是将目标设定为第一名，要求孩子更加奋发向上，而当孩子真的考了第一名时，又告诉孩子不可以因此松懈，要继续保持警戒和紧张的状态。

对孩子来说，无论考得如何，父母都不会称赞，只会要求他们学习更加用功，每次都只看缺点，所以他们经常对自己的考试结果不满意，觉得自己不够优秀，就算得到了认同或称赞也无法真正开心起来，觉得别人只是不了解他们才说这些客套话，或是另有目的。

虽然在我见过的许多孩子中，有的孩子很自信、自尊心很强，非常清楚自己的优缺点；可是也有很多孩子，他们很有能力，也很有魅力，却一直被自己不足的部分深深困扰着，觉得自己无法做好事情，不相信自己其实很不错；另外，也有许多孩子因为不擅长读书，而被父母毫不留情地批评为能力不足、没用、什么都做不好，仿佛只要成绩不好，他们就无法成为优秀、有价值的人。

这些孩子或是认为父母眼中的自己能力不足，所以现在才会这么不幸，或是深信只要自己功课变好，生活也会变得更美好。他们都害怕自己在学习方面跟不上，所以定下了严苛的标准，将自己压得喘不过气来。无论是哪一种情况，都表示他们无法爱与接受原本的自己，也表示他们不相信能够靠自己的力量支撑自己的生活，也不相信靠自己的力量可以让自己幸福。其实仔细想想，这难道不是父母导致的吗，他们对自己的人生从来感受不到满足与幸福，因此生出不安感和无法填补的空虚感。这难道不是父母想从自己深爱的子女们身上，获得补偿式满足与安全感的表现吗?

问题是，无论是哪一种情况，父母那些要自己的孩子“变得更好”的行为，只会让孩子更加痛苦，让他们无法健康成长。当看到孩子活得没有自信，思想负面又没有精神的模样时，父母又会不断地担心孩子，真的很为难。

身为父母的我们，应该结合自身的经历，告诉孩子生活在这个世界上需要准备些什么，并分享自身的经验，让孩子能够更有效率地去应对他们的人生。这些是身为父母，必须要教导子女并帮助他们了解的任务之一。但是这并不是说要把一个完成品直接交到孩子手中，因为父母所见识过、经历过的人生，不可能和孩子的经历一模一样，我的孩子并不完全等同于我，所以让孩子完全照着父母曾经尝试过的方式去做是不可能的。此外，为了节省时间而跳过让孩子思考的过程，或在只是往孩子脑中灌输核心结论也是有问题的。我认为，即使孩子在成长过程中跌倒了、犯错了、失败了、尝试了许多错误的方法，父母也要适时地在一旁默默地陪伴他们，因为他们只有经历了碰撞，才能成长得更加茁壮，成为不易被外物束缚、拥有宽广心胸的人，将来才能以自己想要的方式生活。

感受过幸福的人才会知道什么是幸福。我想，所谓的幸福是时时刻刻都在流动的过程，它并没有固定形式，也没有特定条件，而且可以通过学习与练习拥有它。也因为如此，为了孩子将来的幸福，也不可以忽略此刻的幸福。

我现在做得好不好，这样可以了吗

处于青春期的孩子表面上看似漫不经心，其实他们也渴望明确成人对他们行为的底线是什么。

父母要帮助孩子学会自己做选择，并为所做的选择负责。同时，在他们的行为偏离家庭或社会允许的范围时及时纠正。

“小朋友们大多喜欢吃糖果，他们每次吵着要吃糖果时，都应该给他们吗？吃了糖果不去刷牙，也没有关系吗？因为是个人自由，所以放任他们这么做也可以吗？”

无论是我的孩子还是来心理咨询室的其他孩子，他们有时会因为父母不给予他们想要的事物，或对他们想做的事持反对态度，而对父母感到不满。我虽然能理解孩子的心情，却无法完全赞同他们的行为。我会在认真倾听他们的心声之后问他们上面的问题，大部分的孩子经过一番思考，都会理解并认同其中的道理。

老实说，我与一些家长的观点有所不同。我认为亲子关系与朋友关系是不同的，身为父母，必须担负起更多的责任，因此我从不认为我和孩子之间是完全平等的。但话虽如此，我并不会因此逼迫孩子去学习什么或去做什么。然而在生活规矩或一些我认为很重要的价值观上，我比较严格，会给孩子设置许多限制和规矩。可能也是因为这样，孩子有时会看我的脸色做事，偶尔表现出畏缩胆怯的样子，这时我总会担心是不是自己太挫孩子们的锐气了。

我与一些老师的观点也不同。对学生而言，我也许只是一个比较懂得他们心里在想什么的心理咨询师而已。在心理咨询的时候，很多孩子都会对门禁时间、不准他们玩到太晚等规定感到不满，这时我除了用心倾听孩子郁闷、受伤害的心情，也会让他们知道我也是这样规定自己的孩子的，也反对情况特殊时可以有例外。

身为父母，在孩子能够自己做选择并能对自己负责之前，我们必须要保护他们，因此不可避免地会为他们担心。不过，在保护孩子的过程中，父母也要帮助孩子学会自己做选择，并为所做的选择负责；另外，如果孩子的行为超过家庭或社会所能允许的范围，并且可能遭遇危险时，我们就要积极主动地介入，告诉孩子我们不会让他们陷入危险，也不会让他们独自承受困难。

孩子们虽然希望大人们能够给他们自由的空间，但又不希望大人们对他们漠不关心，将他们晾在一边；他们虽然看上去随心所欲，想做什么就做什么，但是仔细观察就会发现：其实很多孩子都想知道自己行为举止的底线是什么。哪种行为是被容许的？哪种行为是不被允许的？哪些行为是属于可以被接受的？哪些又会被视为特立独行？等等。如果不知道底线是什么的话，孩子的内心会很不安。在进行心理咨询时，无论是因为升学或其他问题，我经常看到孩子为“现在做得好不好、现在这样做对不对”而烦恼，无论做什么都没有自信，担心将来不能好好表现，对未来感到不安与迷惘。这样的孩子很容易因为父母或身边的其他大人没有为他们设立明确的做事标准与底线，在彷徨无助时不懂得发出求助信号，只想着“无论如何自己都要忍下来”，最后导致内心受到伤害，需要花费更多的时间才能修复。其实他们原本不需要吃这些苦。

虽然有必要培养孩子的自律性，但是对年纪还小的孩子说“选你喜欢的吧”或“寻找你想做的事吧”，反而会让他们不知所措。孩子到 3 岁以后，开始想要自己动手做许多事，如果想培养他们的自律性，的确应该给予他们选择的机会，但前提是父母要设定适当的标准，耐心地告诉孩子哪些行为是对的，哪些行为是错的。但如果选择的范围过大，反而会让孩子感到无力甚至失去信心。孩子在还搞不清楚自己喜欢什么的时候就让他们做出决定是很困难的，因此父母应该先让他多做尝试，从而发现自己的喜好。

若要通过让孩子做选择来培养他们的自律性，可以先从二选一法开始，例如，问孩子“红色车和蓝色车，你想搭哪一辆？”这种选哪一个答案都对的问题；等到孩子再大一点儿，可以问“想听几本故事书？”“这个游戏你想玩几次？”等问题，让孩子从日常生活中练习选择；到下一个阶段时，可以问孩子“你想听哪一本故事书？”“你想玩什么游戏？”等开放性的选择题，让孩子依据自己的喜好与希望做出选择。

在我们必须做的事情中，最重要的就是为孩子设立底线或保护的栅栏，在他们可以为自己的选择负责任之前，帮助他们去思考自己究竟是怎样的人，为孩子提供尽可能广阔的视野，帮助他们打开眼界去看待这个世界。在孩子第一次体验各种各样的事情时，父母需要像灯塔一般引导他们前行的方向，让他们明白当自己不知道该怎么做、遇到瓶颈、觉得辛苦的时候，是可以向父母求助的。就算父母没有代替孩子做所有的事，只是了解了他们的处境和心理状态，他们就能从父母的关爱中获得安全感，而这样的安全感会为他们注入力量，让他们有勇气去挑战或参与到更宽广的世界中去。此外，当孩子在做各种尝试时，父母必须要做他们的坚强后盾，这一点也很关键，因为这个角色坚定可靠的程度，会决定未来的他们的健康与精神状态。所以当孩子需要帮助的时候，为了让他们感到安心并且愿意依靠父母或是身边的大人，我们必须展现出坚强、有力量的那一面。

教育孩子没有标准答案，所以无论是父母、老师或是心理咨询师，都只能照着自己的方式去做。背负着如此重大的责任，许多大人难免心生疑问：“我扮演好我的角色了吗？我的判断跟大家一致吗？”虽然每一个大人的个性、价值观、世界观都不相同，但有许多想法却是一样的：我们都不想伤害孩子，都希望成为孩子的力量，也期望孩子变得更好。想要做到这些，身为大人的我们必须先爱自己，也要有自信。这并不是说我们一定要很完美才能教育孩子，我们只需要告诉孩子我们经历过的事情，在曾经的经历中，也会因为自己的一些失误，向他人道歉并承担相应的后果，我认为父母拥有诚实和勇于承认错误的品质，是成为孩子学习的典范的前提。

最后请记住，孩子出现问题行为的那一刻，也正是他们获得成长的最佳时机，所以父母千万别一味地责骂他们或干脆假装什么也没看见，让我们怀着一颗温暖的心陪伴在他们身边吧。

这是我的房间，爸爸妈妈再啰唆，就别进来了

父母期待处于青春期的孩子逐步走向独立，房间杂乱无序往往成为孩子“长不大”的佐证。

父母必须知道自己希望孩子怎么做，然后朝着那个方向坚定不移地前进。

“这房间是怎么回事啊？又不是垃圾场……”看到孩子房间很乱的时候，我总是忍不住一边唠叨，一边催促他们赶快整理。孩子心情好的时候会说“等一下，我先把这个做完”，心情不好的时候则会顶嘴说“这是我的房间，我自己会看着办，不要管这么多”“如果再啰唆的话，就不要来我的房间”，有时甚至选择无视。每次都要等到我因为他们的房间脏到不行而发火的时候，他们才心不甘情不愿、敷衍了事地把东西清理掉。书包、穿过的袜子、脏衣服、饼干包装袋散落一地，根据地上的东西完全可以推断出他们的活动轨迹。许多父母在陪孩子走过幼儿期和儿童期后，总会满心期待孩子在进入青春期后能够真正长大，学会整理自己的东西。

青春期可谓是孩子一生中最晕头转向、手忙脚乱的时期，跟家人产生冲突是不可避免的。有些父母会认为青春期本来就是没有秩序的时期，所以就干脆放任不管；有些父母则认为这个时期是孩子养成好的生活态度和好习惯的重要时期，应该督促并鼓励孩子好好打理自己的生活。

这两种想法都没有错。我认为父母可以容许孩子拥有属于自己的空间，如此还能培养他们的独立性。虽然孩子的房间看起来杂乱无章、一片混乱，但这可能是他们自己的秩序。拥有自己的空间往往也会让孩子更自律。

不过，因为整理房间这种看似很小的问题，也有可能会影响孩子以后的生活习惯，所以当他们毫无秩序的行为严重地扰乱了公共环境时，身为父母的我们必须介入。“破窗效应”中讲，一扇被打破的窗户，如果放任不管，之后很有可能会导致更严重的犯罪行为或严重的社会问题。如果把这个理论套用进来，乱七八糟的房间里很可能藏着对孩子有害的书籍或物品，如果完全放任不管的话，很容易就会错过他们在烦恼或感到彷徨时所发出的信号。

父母必须明白自己希望孩子怎么做，并不断地朝着所希望的方向前进。保持态度的一致性很重要，父母如果平时允许孩子乱七八糟，某天却突然唠叨说“房间到底是怎么一回事？”是行不通的；使唤不动孩子或觉得孩子很辛苦，就主动替他们整理房间，却又为此闹得很不愉快，倒不如不去帮助他们。

当孩子想要整理房间时，不妨先从扔东西开始吧。若因东西太多不知如何舍弃，不妨先从书包里皱巴巴的习题讲义、学校通知书、文具用品、装饰品或是化妆品开始整理，把东西一一分类后再决定哪些是可以扔的。如果孩子还没有整理的习惯，父母可以先教他们基本的整理方法，并让他们体验整理的乐趣。

希望我独立，又一味地阻止我去尝试

「

处于青春期的孩子开始脱离家庭与父母，把眼光转向外面更广阔的世界。

父母不妨直面自己的不安情绪，带着好奇心与他们相处，感受他们渐渐长大，成为能够独当一面的人。

我其实是一个很胆小的妈妈，因为觉得外面的世界实在是太危险了，所以在孩子还小的时候，我总是会用各种各样的理由让孩子待在家。也因此我的儿子即使到了小学高年级，也几乎没有单独和朋友们在外面见面或玩耍的经历。在儿子上六年级的某一天，他突然对我说："妈妈，我想参加一个在大田的定期聚会。"当时儿子加入了网络上的一个漫画社团，他想要参加的就是那个社团举办的聚会。

虽然我很清楚孩子到了青春期就会逐步脱离父母的怀抱，把眼光转向外面的世界，但是因为我还没有做好心理准备，所以当孩子说想要一个人去那么远的地方，而且是要去见一群网友时，我的第一反应是"这简直像天方夜谭"。除了担心他的安全，跟陌生的孩子见面也让我很在意、很紧张。我也提醒自己可能有点反应过度，但还是会担心孩子因为关注的那些事物而忽略了学业，甚至让自己陷入危险。我并不想打击孩子想要独立的欲望，但就是无法爽快地支持，更无法大胆地放手。

最后，我答应了他的要求，并告诉他我的想法："第一次让你自己跑到那么远的地方跟朋友聚会，我和爸爸还是会非常担心，所以我们会送你到目的地，在你们聚会的时候，我和爸爸会到附近逛逛。如果这样可以的话，你可以参加。"最后事情就这样解决了，而那场聚会本来还在筹备时期，后来也不了了之了。

如果孩子的世界超出了我们的认知范围，该如何做呢？面对嘴里喊着

“我可以自己看着办！”却无法承担后果的孩子，又该如何教他为自己的行为负责呢？如果想要在孩子的成长过程中培养他们的独立性，就不能一味地阻止他们去尝试、去体验，或是擅自替他们解决所有问题，这些都只会增加他们的自卑感、敌意或反抗心理。

父母应该先直面自己内心不安的情绪。许多父母会因为自己的个性或成长经历所导致的不安，而不放心孩子的所有行动。但是，如果父母愿意支持孩子并试着让他们展现独立的一面，懂得适时放手，在一旁陪伴的话，也会有相应的回报。这么做可以让他们见识到更宽广的世界，发现拓展自己能力的机会，可以让他们通过与父母之外的人建立关系，从而发掘自己的潜力并了解自己是怎样的人。虽然像“我家的孩子绝对不可能会发生这种事”之类太过乐观的态度对孩子并没有帮助，但是满脑子都是最坏、最糟的情况这种极端的想法对他们更没有帮助。

父母与其用疏离感面对孩子陌生的模样，不妨带着好奇心去与他们相处。这个时期的孩子会对许多事物感到好奇与关心，想去多尝试新的挑战，也会因为没有新鲜感而很快失去兴趣。父母会逐渐发现这个阶段的孩子和自己有许多不一样的地方，也会觉得曾经很亲密的关系变得有点微妙，彼此相处起来不如原来自在。即便如此，父母仍然要敞开心扉拥抱孩子的全新变化与模样，做他们的忠实倾听者，这才能够有效地与处于青春期的孩子进行沟通。另外，父母不需要因为孩子脱离了自己的怀抱就感到遗憾、难过，反而应该带着感恩的心，祝福他们渐渐长大，成为能够独当一面的人。

最后，父母不妨问问自己：孩子与我的关系是否良好？联系着彼此的那根绳子是否牢固？那根绳子是否有弹性？绳子的长度足以延伸到孩子想要前往的地方吗？在恰当的时机，孩子能够自主切断那根绳子吗？要是没有那根绳子，孩子在需要帮助时能够找到回来的方向，并重新回到我们的怀抱吗？

晚回家 10 分钟被禁足，爸爸妈妈想怎样就怎样

被要求按规定时间回家是处于青春期的孩子对父母的众多不满之一，他们虽然担心被责骂，却也很难在约定时间回家。

父母让孩子了解自己担忧的心情很关键。若晚回家的情况频繁发生，也不要因此和他们发生争执，让他们意识到自己违反了规则更重要。

在我上大学的时候，每次因为晚回家而必须打电话给爸爸妈妈的那一刻，我都会踌躇不安，“一定会被骂得很惨”的预感每次都会变成现实。走在回家的路上，一想到待会儿会被狠狠骂一顿，就会特别紧张，脚步变得很沉重。有一次我忍不住问妈妈：“难道就这么不相信已经成为大学生的女儿吗？”妈妈则回答我：“不是不相信你，而是不相信这个世界。”

让处于青春期的孩子不满的众多规定中，被要求按规定时间回家是其中一项，“其他同学都可以玩到很晚，只有我必须早点儿回家，和朋友们玩得正开心，却必须要离开，真的很烦”“晚回家 10 分钟就会被禁足，爸爸妈妈每次都是想怎样就怎样”。

其实父母也有很多苦恼，“连自己约定好的时间都无法遵守，如果就这样放他一马，以后怎么办”“晚回家应该先打电话讲一下啊，不往家打电话，打电话过去又不接，每次都在有需要的时候才打电话。”

现在的孩子就跟以前的我一样，虽然害怕被责骂，却又很难遵守约定的回家时间。对孩子来说，永远都会觉得和朋友一起玩的时间实在是太少了，而且也不想听到父母在电话中生气怒吼或口出恶言，于是心中冒出来的强烈想法就会是：“至少现在这一刻要玩得开心。”这种时候让孩子放弃玩乐，其实他们很难做到，但如果代价是挨骂，孩子也许会勉强顺从父母的要求。

“和朋友玩一会儿，结果发现已经超出约定回家的时间，反正回家也是挨骂，干脆继续和朋友在外面玩。”第二天也发生类似的状况，“现在回家会被骂得更惨，还会被打得很惨，真的很害怕，所以不敢回家”。结果，本来只是畏惧超时被骂，最后演变成了离家出走。

晚上到家的时间应该设在几点，并没有标准答案，父母可以依照家庭的情况和孩子沟通，也要考虑到可能会有例外、需要通融的状况。晚上到家的时间应该随着孩子年龄的增加而放宽。但是，在保护孩子安全方面，父母是不能和孩子妥协的，所以当孩子晚回家时，父母一定要问清楚现在在哪里、和谁在一起、什么时候回家等问题。

父母单方面的命令与规定是行不通的，请尽可能用孩子可以理解的方式与他们沟通。有一次我的孩子不满地问我们家为什么设置晚回家的规定，我对他这样说："在你成为大人之前，爸爸妈妈有好好养育你的责任，如果你现在做错了什么，不是仍然需要我们的帮助，或是和我们一起解决吗？所以从爸爸妈妈的立场来看，有必要立下规定，如果你能理解就好了。"

其实无论怎么做，完全达到孩子的期望是很困难的，而由此给他们造成的心理落差就得靠彼此的关系去修补。如果孩子在家里觉得不舒服、不自在的话，自然而然就会想要往外面跑。因此，父母要用愉快的心情去迎接他们，让他们回到家以后能够休息或放松，做自己想做的事，当他们遇到问题时，可以成为他们商量讨论的对象。如果他们违反规定，超过约定回家时间才回家，必须了解并且倾听他们晚回家或不想回家的原因。如果孩子是因为想跟朋友多玩一会儿才晚回家，父母应把重点放在朋友们的态度与行动上，并且让他了解父母的担忧以及紧张的心情。当然，父母这样做孩子不一定会马上改变自身的行为，但这至少传递了对他们的关爱，让他们感受到家庭的温暖，这样将会让以后亲子关系变得更加亲密。

对于违反规定超过约定回家时间才回家的情况，父母必须事先和孩子讨论处理的方法，"如果知道自己今天会晚回家，无论怎样一定要让爸妈知道""爸妈会担心"。需要注意的是，如果不想孩子下次晚归时不敢打电话回家，绝对不要在孩子打电话回来时对他们发脾气甚至破口大骂。务必以冷静的态度面对孩子，例如可以说"会晚回家啊，那 ×× 点以前要回到家哦"。要是晚回家的情况反复发生，也不要因此和他们发生争执或对他们生气，而是要让他们意识到自己违反了规则，了解到父母的担心，他们才会改正自己的行为。

完全拒绝爸妈的建议会心理负担很大，照做又觉得难受

处于青春期的孩子一方面希望能主导自己的事情，另一方面又缺乏自信，希望得到父母的认同和支持。

父母一定要清楚孩子真正想要的是关心，而不是干涉。让孩子能够在追求独立的同时学会向父母求助。

在儿子初中毕业前夕，我们因为填报高中志愿的问题闹得很僵。我原本以为只是选一所普通的高中，应该不会有什么烦恼，结果跟我想的完全不一样，只是从三所学校中选出一所满意的也不容易。对于我和先生中意的学校，孩子面露难色：“跟我比较好的同学都不会去那里。”孩子想去的学校离家较远，根本不在我和先生的考虑范围。我对孩子说，如果他真的想去朋友去的那所学校，那就选那所学校吧，结果孩子又不确定自己到底想要什么，就算我们表示支持，还是一直犹豫不决，甚至说“干脆用随机抽签来决定算了”。在之后的几次讨论过程中，孩子也是又找碴儿又闹脾气，导致最后大家都有点疲惫。

我想起那个暑假期间离家出走，直到开学时才回到学校的初三孩子，他也曾为了填报高中志愿的事烦恼不已。当时他因为缺课已经被扣了很多分数，所以很难决定到底要读甚至能读哪一所高中。让那个孩子感到最烦恼的是，因为长期以来和家人的关系不太好，所以身边没有可以讨论的人。他告诉我："选择去哪一所高中就读，真的很让人烦恼，快要急疯了，觉得好累。我原本就不太跟爸爸妈妈说话，所以他们也不知道学校的事情。身边连一个可以给出明确建议的人都没有，我真的好郁闷，就算有个人叫我做点什么也好，我对以前自己的种种行为也感到非常后悔，正是我之前的行为导致了现在的后果"，这些烦恼就这样挥之不去地盘旋在他的脑海里，最后，他在百般犹豫之下，终于鼓起勇气向爸爸妈妈诉说自己的情况，"无论怎样，毕竟是跟学校有关的问题，跟爸爸妈妈讨论或许还可以去读比较好的学校吧……我想，比起自己烦恼，不如跟爸爸妈妈聊一聊，或许解决问题，于是第一次跟爸爸妈妈坐下来聊了学校生活、成绩等，没想到把烦恼说出口之后，他们给了很好的建议，他们跟我说了很多宽慰我的话……我想都没想过会这样……"

和以前不一样，在选择学校时，如今父母不太会强迫孩子，比较尊重孩子的选择和决定。但是换个角度想，这会不会是因为如今的父母缺乏自信呢？我周围的许多父母经常担心"如果硬是要孩子按照我们的意思去选学校，若在功课、人际关系方面不适应时，他们一定会埋怨：'这全都怪爸爸妈妈啦！'"，所以我们会尽可能地去尊重孩子的选择。如今的父母似乎变得没有信心可以全然承担孩子的埋怨了。之所以会这样，可能是因为这个世界变得越来越复杂，升学或前途等问题已经不像以前那么简单明朗了，就连父母也很难预测下一步会如何，因为没有为结果负责的自信，所以也无法强制孩子按照大人的意愿去做。

父母对自己都这样没有把握，更何况孩子呢？想必他们内心一定充满了“如果照着自己的想法选择，不知道将来会不会感到后悔”“完全拒绝父母建议的学校觉得很有负担，但是按照父母的意见择校又觉得难受、不开心”等念头。

实际上，虽然处于青春期的孩子看起来好像什么事情都想按照自己的意思、随心所欲地去做，其实他们并非真的那么有自信。他们一方面希望能够按照自己的意思去做，另一方面却又对模糊的未来与成人世界感到恐惧不安，因此还是希望自己的价值观和所做的选择能够得到父母或其他成人的认同与支持，也希望能够在需要时得到他们的帮助。

依赖与不安是相辅相成的，想要依赖却没有人可以依赖就会让人变得不安，而不安又会让人再度产生依赖。父母最好试着成为孩子聊天的对象，“一起打听看看吧，爸爸妈妈再多找找资料和搜集一下其他信息，你也问问周围的朋友，然后我们再一起讨论一下”，重要的不是做什么决定，而是一直到做出选择之前，在孩子需要时能及时陪在他们身旁并给予他们关心。在这一过程中，如果对孩子想做的事有意见，请不要马上反对或批评，如果真的为他们做出的选择担心，可以试着把担忧告诉他们，但是请不要只听他们表面上说的话，而是要去试着了解他们的心，了解他们想要的到底是什么。在这之后，再试着建议孩子“如果这样做的话，你觉得怎么样呢？”，要是他们听了以后不太高兴，可以进一步问他们“那你觉得呢？怎么做会比较好呢？”，像这样试着和他们一起想办法。

孩子们想要的不是监视与干涉，而是关心。父母可以一方面试着给孩子自由，另一方面确保孩子在需要帮助时能够愿意向大人求助。而能否很好地实现这两个方面，则取决于是否为他们设定“适度底线”的父母。

关键
对话 18

来自手足的困扰

弟弟个性太温和老被欺负，也没有什么朋友

处于青春期的孩子，如果性格内向、慢热、不善社交，则更容易在陌生的环境和陌生人面前表现出胆怯退缩、挫败不安。

父母无法改变孩子与生俱来的气质，在鼓励他们“一定能做到”的同时，一定要回头检视自己是否无意间伤害了孩子。

曾有一个学生，她因为弟弟来到了心理咨询室。她很担心上小学高年级的弟弟被欺负，因为他个性太温和，而且也没有什么朋友。除了这个孩子之外，我们学校还有很多因为关心弟弟而来心理咨询的学生。这些“姐姐们的担忧”对我来说并不陌生，因为我小时候也很害羞内向，甚至不敢自己去社区的杂货店买饼干。而我儿子的个性也比较温和，并不活泼外向，我经常忍不住担心他的人际关系。我也曾觉得运动对男孩子来说很重要，在他小学低年级时送他去学足球，结果事情并没有朝我所预期的方向发展。

许多父母在发现孩子的性格比较内向时都会特别紧张，并担心“脆弱又温和的孩子以后怎么与别人相处？将来如何独立生活？”等还没有发生的事。虽然这可能是父母不必要的担忧，但是每当看到个性温和、喜欢阅读、独来独往的孩子似乎被排除在集体之外时，还是会很心痛。如果孩子也为此感到烦恼，父母真的会很苦恼“到底要不要伸出手帮忙？要帮到哪种程度才好？”父母想要帮助孩子处理各种状况并不容易，尤其是男孩子们的捉弄与嘲笑。那么，到底要如何帮助内向的孩子接受自己真实的样子并活出色彩呢？要怎么教导孩子在必要时为自己发声或进行自我保护呢？

请试着回想一下，当孩子在陌生的环境或陌生人面前因为没有自信而胆怯退缩时，身为家长的我们态度如何？许多父母因为担心，对孩子过度干涉、控制和批判，这很可能导致他们认为自己不够好，因此变得更退缩、更小心、更在意他人的想法，或是对自己的不完美和失败感到不安，进而回避父母。虽然站在父母的立场看，自己的个性爽朗外向，孩子却很内向，当然会很纳闷儿，但是在鼓励孩子“一定做得到”的同时，也要回头检视自己是否无意间否定了孩子的情绪感受，把他们无意中推了出去。

父母不能改变孩子与生俱来的气质，所以与其想着让孩子“改正缺点”，不如多去看看他们的优点，用正面的态度认同他们原本的模样。的确，害羞内向的孩子可能无法很快交到很多朋友，但他们往往会与别人慢慢亲近，最后深交。可以让孩子在熟悉的领域里逐渐积累满足感，这样他们就能慢慢地变得更加从容自在，就算以后被捉弄和嘲笑，也不会再轻易逃避，能够更从容地去面对问题。

明明不是我的错，因为 XXX，我被骂得很惨

处于青春期的孩子的“手足之争”不亚于婴幼儿时期，会因为父母对其他孩子更亲密而感到痛苦与受伤害。

父母应该了解每个孩子的个性、能力和需求，然后以不同的方式关爱孩子，这样更容易让孩子感受到被“公平对待”。

最近几年，在和兄弟姐妹聚会时经常提到小时候的事，聊着聊着就会有人提到那些觉得委屈、让人心里不是滋味的往事，“明明就不是我的错，但是因为 ××× 的关系，结果我被骂得很惨”“妈妈比较偏心 ×××”，虽然现在各自都有了家庭，也都是几个孩子的父母了，还是会想起以前父

母偏爱哪一个孩子的事情。不过令我惊讶的是，对于同一件事情，我们每个人的记忆与解读都不太一样。

处于青春期的孩子的“手足之争”其实不亚于婴幼儿时期，一样会经历许多冲突与痛苦，像是因为被拿来跟功课好的兄弟姐妹比较而感到受冷落；因为家中有生病或身患残疾的兄弟姐妹而感到不被重视；因为外貌或表现突出的兄弟姐妹而感到被亏待，等等。经常看到一些孩子，不知道为什么，他们总觉得父母对待另一个兄弟姐妹更加亲密，并因此感到被父母忽略。

“妈妈每次都会把气出在我身上，连对哥哥的不满也发泄在我身上。妈妈跟我一样，不太会表达，虽然我知道妈妈是爱我的，但她一点儿也不懂我，所以我很伤心。”这个孩子在家里除了一手包办家务，还要在妈妈和哥哥闹矛盾时，担任调解的角色。但是在进入青春期之后，她每次回到家里都会觉得很烦，因此开始在外面游荡不回家。

另一个孩子说“妈妈只讨厌我，每次发生矛盾时，弟弟、爸爸和妈妈都站在同一边”，她还说她很想打弟弟，但又害怕被骂，在不能动手的情况下，她只能忍气吞声，但心里其实咬牙切齿的，“我和弟弟年龄差很多，他常常直接叫我的名字而不叫我姐姐，没有一点儿礼貌，很讨人厌”。

还有一个孩子，因为爸爸对她说“爸爸对你不抱期待”而感到很受伤害。原来她的姐姐成绩很好，这无形中给了她很多压力。虽然这个孩子也知道，爸爸是不想让她压力太大，所以才这么说的，但是她却忍不住想：“无论我做什么爸爸都不会有期待吗？是觉得我什么都做不好吗？爸爸永远都不会对我抱有期待吗？”因此失去了做事的热忱与动力。

虽然父母对每一个孩子的爱都一样，但对待他们的方式却常常不同，这只是考虑到需要按照适合他们的方式去照顾他们。如果父母表现出对其中一个孩子的偏爱，就很容易让其他孩子觉得委屈、不公平，对被偏爱的兄弟姐妹产生厌恶。至于父母偏心的对象，也会无视或看不起其他兄弟姐妹，或是看到其他兄弟姐妹被骂、被体罚时，他们虽然想着“幸好不是我被骂”，却忍不住担心“如果我做错事也会遭遇这些”，因此感到负担很重。总之，无论是什么理由，偏爱某一个孩子，确实会造成兄弟姐妹的关系变质。

虽然并不是所有孩子都会遭遇父母不公平对待的情况，但是大部分的兄弟姐妹会因为上同一个补习班，接受相似的教育，而被无形中放在一起进行比较而陷入竞争关系。这时，父母必须了解每一个孩子的个性与能力，以及每一个孩子想要的是什么。此外，兄弟姐妹之间的关系是否健全，完全取决于父母如何掌握平衡，因此处理他们之间的不愉快时必须非常小心。有时无论父母看待问题时多么客观，直接说某一个孩子是对的，很容易让另一个孩子觉得不公平，产生心理不平衡。另外，“因为你是哥哥（姐姐），所以不管怎样都要听话”“因为你是哥哥（姐姐）所以要忍耐，让一下吧”“是你不对，赶快道歉”这类的话也只会让孩子觉得委屈，甚至激起他们反抗的情绪。当兄弟姐妹之间发生矛盾时，如果情况不是特别危险或孩子未向大人求助，父母最好不去干涉他们，因为吵架的过程会培养他们处理彼此关系的能力，有时候也需要他们自己去磨合，以让彼此的关系和谐、平衡。

每个孩子都希望能够被父母公平对待，而“公平对待”包括“在任何情况下都希望自己的话能被父母认真倾听”。而父母不是万能的，并不能解决所有问题，也难免无法做到公平，最重要的是给予觉得受委屈的孩子表达心声的机会，并且用心倾听，再和孩子一起讨论该怎么解决问题。

什么事都让哥哥先做？哥哥好像更受宠

处于青春期的孩子，如果在家中排行老二，则更容易产生自己被父母忽视的情绪。

出生排行对一个人的性格影响非常大，父母需要时常检视自己是否在不知不觉中对老大委以更大的责任，却忽视了老二。

有一次，我们家老二闷闷不乐地抱怨“我们家只有我是老二”，当时大家都笑着说“真的呢”。对于身陷排行顺序的敏感的孩子而言，他们是不会轻易就忽略“是不是什么事都让哥哥先做？哥哥是不是比较受爸爸妈妈的宠爱？”等细节的。

我的妹妹在家中排行第二，也有许多不满。我记得她曾说:“因为姐姐有经验，因此每次我想做什么，她都会依照自己的经验告诉我‘这个怎样，那个怎样，所以这样不好’，并且替我做决定，让我连选择的机会都没有。”

我因为自己是老大的缘故，所以并不觉得自己对身为老大的儿子特别偏心，但是似乎更容易猜到他心里在想什么，也比较能理解与掌握他的状况，这大概是因为我可以从他身上看到自己的影子吧。儿子在看到刚出生、比他小四岁的妹妹时，明明没有人教他怎么做，他却自己乖乖地跑到床上睡觉；在那之后，他很少任性耍脾气，不会抢妹妹的东西，也不会理所当然地觉得什么都应该自己优先。也因此，我们从不需要向大儿子强调礼让的美德，反而经常告诉他“你先做也没关系”“你可以选你想要的，不用考虑妹妹”。

我在成长的过程中也像我的儿子一样，无法随心所欲地想做什么就做什么，也不会轻易地向爸爸妈妈提出自己的要求。虽然在弟弟、妹妹眼中，我更容易受到父母认同，好像获得父母的关爱更多，总是可以照着自己的想法去做。但是对我来说，就算没有人跟我说什么，我也会觉得自己应该要让着弟弟、妹妹，或是应该为了弟弟、妹妹而放弃什么。身为老大，父母的期待对我来说是很特别的礼物，同时也是很沉重的负担，因为即使经常受到父母的关注与认同，内心却从来没有真正放松过。并不是说我的内心不渴望这些，只是对我来说，这些也是沉重的负担。

也许身为家中老大的我，在不知不觉中被父母要求，在言行举止上表现得更加稳重。主修心理咨询课的同时，我的脑海中有时候会浮现我幼年时期的情景，想起年幼时懂事听话、不吵不闹的我，就不自禁觉得有些心疼。

心理学家阿德勒曾说，出生排行对一个人的个性影响很大，老大、老二、老幺、独生子女的心理素质都不一样，所以会显露出不同的性格特征。他指出，在父母全然的爱与关心中成长的长子或长女，在弟弟、妹妹出生以后，处境会变得有点像是“被废位的王”，而在经历嫉妒与竞争的过程中，他们会变得相对稳重、脚踏实地、有责任感。从我或我儿子身上确实可以看出这样一些倾向。

但是也不能够就这样以偏概全地去做判断，最好只是把这些研究当成可以拿来参考并猜测长子或长女内心的一种方法。重要的是，一定要了解每个孩子的气质，以及周遭环境带给他们的影响，每一个孩子在天生的气质与生长环境的交互作用之下，都会成长为独一无二的个体。而孩子的生长环境中最重要的因素——父母，则需要检视自己是否在不知不觉中给了家中老大过多的责任感。

结 语

成为让孩子信任的大人

虽然已经记不得是何时读到了诗人金春洙的《花》，但是在我主修心理咨询课程时，这首诗对我特别有意义。

> 当我呼唤它的名字时，它向我走近，化成了一朵花儿……我也想要成为一朵花……我们都希望能够成为一个不被遗忘的存在。

在为孩子提供心理咨询服务的过程中，我总是不断思考：个性既不是特别温柔、不像其他人那般有智慧，也不是特别正面积极的我，究竟能为孩子们做些什么呢？反复思考之后，我有了一些体悟：虽然我不是杰出又完美的人，却可以早于孩子们去学习、去体验世界，并将我所知道的一切和他们分享，告诉他们追求更好的人生价值，并指引他们更好地成长。此外，我也能通过倾听孩子的故事，了解他们的心声。

我想起一位学生，她在心理测验中忧郁指数稍微偏高，为了确认她的状态，我请她来到心理咨询室。从表面上看，她并没有什么太大的问题。拥有和谐的人际关系、优良的成绩，和大多数孩子一样的学校生活与家庭环境，她的外貌虽然不是特别突出，但长得也不错。虽然她的忧郁指数还不到很严重的程度，但有时候她会觉得活着是一件很累的事。她倾诉道：

“我觉得自己没有什么特别厉害的专长，长得不漂亮，也没什么吸引人的魅力，好像没有任何值得炫耀的东西，所以总是觉得很不安。跟姐姐相比，我的功课不算好；跟功课好的同学相比，我觉得自己考不上好大学，将来也找不到好工作。虽然有几个还算合得来的朋友，但并没有到可以完全敞开内心、吐露心声的程度。因为我不知道吐露心声后，那些朋友会抱着什么样的眼光看我。我总是很在意别人，言行举止也显得小心翼翼。我知道自己是一个不起眼的人，但总是有什么在我心中沸腾，让我一直觉得沉重不安。”

在她倾诉的过程中，我对她说“我认为你长得很漂亮啊，给人的印象也不错”，但是她反驳说“才没有”，她并不相信我所说的话。

在我看来，她是一个在许多方面都很不错的孩子。但是因为对自己不够满意，所以无论别人怎么对她说“你真的很不错”，她都不会相信。她一方面是如此渴望相信这句话，另一方面却又忍不住想，“这个人是因为还没见过真正的我才会这样说，等到了解我以后肯定会失望的”。她听了我说的话以后，非常惊讶，问我怎么会知道她的想法。

如果这个孩子一直不去爱自己或是认可自己，那么从表面上看，她虽然可以好好地生活，而在她的内心深处，却很可能一生都对自己感到不满，带着沉重的心情生活。无论是读书还是在其他方面，她经常因为担心做不好而犹豫不决，因此无法好好发挥实力；就算遇到想要的东西，她也会因为怀疑自己是否有资格拥有而不敢争取，最终错失了机会，只能不断屈就自己，选择第二顺位的东西。我相信她肯定不希望自己拥有这样的人生。

没有人一出生就知道自己是怎样的人，我们往往通过与父母或身边重要的人的互动得到“我是这样的人”的信息，因此，成长过程中的信赖与对爱的需求（或是对爱与认同的需求）扮演着非常重要的角色。如果一个人的这些需求在其幼儿期与父母建立关系的过程中被父母充分地满足，并对父母产生信赖，这种情感就会成为依赖的基础，让这个人可以相信自己、相信他人和整个世界。

孩子因为肚子饿或者想撒尿哇哇大哭，如果这时候妈妈很快来喂奶或者换尿布，用温柔的眼神与声音轻轻安抚他，那么不用再做其他的，他就可以获得满足，获得被照顾、被关爱的体验，从而在心中种下“我是受到关爱的”或“我是有价值的”这类自我形象的种子，也会提升对自己、他人、世界的信任。相反，如果孩子反复经历不管怎样号啕大哭，妈妈都不来关心自己的状况，或者即使来了也是冷冰冰、不耐烦的话，他就会认为自己并不重要，觉得自己没有存在的价值。如果孩子觉得只有当自己达到或满足父母单方面定下的标准，才有可能获得充满爱意的眼神与照顾时，就会对自己的存在价值感到不安与混乱。如果孩子带着这样的心态度过其儿童期、青少年期甚至成人期，他就很容易在自信心、人际关系、学业等许多方面感到无力与不满足。

人在看待世界时都会戴着一副有色眼镜，而人生最初的体验会决定这副眼镜的颜色。无论是自己，还是自己与他人的关系，甚至是世界上的所有事，都会受到这副眼镜的影响。除非换一副眼镜，否则想要摆脱这个认知框架并不容易。父母如果想让孩子换一副眼镜看事物，就得让他改变自己。帮助孩子改变自己的方法有很多种，父母可以通过接受亲子养育指导培训，从而扮演更适当的角色，或是通过直接或间接的生活体悟，或是与他人建立新的关系等经历来改变孩子看待世界的方式。我在学校里最想传递给孩子的就是最后一个方法。

人在相信自己之前，必须要先有信任他人的经验。因此，想要孩子相信他自己，我们不能只是着急地对孩子说“你为什么这么不相信自己呢？”，而是要先成为他们可以信赖的大人。

当我在与孩子们建立起分享关系之后，我希望通过这样的方式让他们知道：世界上有个人与他们过去认识的人不同，这个人会从不同的角度看他们。此外，我也希望能够给予孩子力量，让他们从不同的角度看自己，认为一切都是美好的是值得期待的。让他们爱自己、认同自己，并试着去接受所拥有的一切。我相信当孩子们懂得爱自己、认同自己时，就能更从容地去爱或认同别人，最后产生良性循环。我也会在心理咨询室里等着他们，努力去用心倾听、了解他们的心声。

未来，属于终身学习者

我这辈子遇到的聪明人（来自各行各业的聪明人）没有不每天阅读的——没有，一个都没有。巴菲特读书之多，我读书之多，可能会让你感到吃惊。孩子们都笑话我。他们觉得我是一本长了两条腿的书。

——查理·芒格

互联网改变了信息连接的方式；指数型技术在迅速颠覆着现有的商业世界；人工智能已经开始抢占人类的工作岗位……

未来，到底需要什么样的人才？

改变命运唯一的策略是你要变成终身学习者。未来世界将不再需要单一的技能型人才，而是需要具备完善的知识结构、极强逻辑思考力和高感知力的复合型人才。优秀的人往往通过阅读建立足够强大的抽象思维能力，获得异于众人的思考和整合能力。未来，将属于终身学习者！而阅读必定和终身学习形影不离。

很多人读书，追求的是干货，寻求的是立刻行之有效的解决方案。其实这是一种留在舒适区的阅读方法。在这个充满不确定性的年代，答案不会简单地出现在书里，因为生活根本就没有标准确切的答案，你也不能期望过去的经验能解决未来的问题。

而真正的阅读，应该在书中与智者同行思考，借他们的视角看到世界的多元性，提出比答案更重要的好问题，在不确定的时代中领先起跑。

湛庐阅读 App：与最聪明的人共同进化

有人常常把成本支出的焦点放在书价上，把读完一本书当作阅读的终结。其实不然。

时间是读者付出的最大阅读成本

怎么读是读者面临的最大阅读障碍

“读书破万卷”不仅仅在“万”，更重要的是在“破”！

现在，我们构建了全新的“湛庐阅读”App。它将成为你“破万卷”的新居所。在这里：

- 不用考虑读什么，你可以便捷找到纸书、电子书、有声书和各种声音产品；
- 你可以学会怎么读，你将发现集泛读、通读、精读于一体的阅读解决方案；
- 你会与作者、译者、专家、推荐人和阅读教练相遇，他们是优质思想的发源地；
- 你会与优秀的读者和终身学习者为伍，他们对阅读和学习有着持久的热情和源源不绝的内驱力。

下载湛庐阅读 App，
坚持亲自阅读，
有声书、电子书、阅读服务，
一站获得。

CHEERS

本书阅读资料包

给你便捷、高效、全面的阅读体验

本书参考资料

湛庐独家策划

- 参考文献
  为了环保、节约纸张，部分图书的参考文献以电子版方式提供
- 主题书单
  编辑精心推荐的延伸阅读书单，助你开启主题式阅读
- 图片资料
  提供部分图片的高清彩色原版大图，方便保存和分享

相关阅读服务

终身学习者必备

- 电子书
  便捷、高效，方便检索，易于携带，随时更新
- 有声书
  保护视力，随时随地，有温度、有情感地听本书
- 精读班
  2~4周，最懂这本书的人带你读完、读懂、读透这本好书
- 课　程
  课程权威专家给你开书单，带你快速浏览一个领域的知识概貌
- 讲　书
  30分钟，大咖给你讲本书，让你挑书不费劲

湛庐编辑为你独家呈现
助你更好获得书里和书外的思想和智慧，请扫码查收！

（阅读资料包的内容因书而异，最终以湛庐阅读App页面为准）

图书在版编目（CIP）数据

与青春期孩子的18场关键对话 /（韩）尹多玉著；梁如幸译. -- 北京：中国纺织出版社有限公司，2022.2

ISBN 978-7-5180-9336-6

Ⅰ.①与…　Ⅱ.①尹…　②梁…　Ⅲ.①青春期—家庭教育　Ⅳ.①G782

中国版本图书馆CIP数据核字（2022）第022103号

责任编辑：刘桐妍　　责任校对：高　涵　　责任印制：储志伟

中国纺织出版社有限公司出版发行

地址：北京市朝阳区百子湾东里 A407 号楼　邮政编码：100124

销售电话：010—67004422　传真：010—87155801

http://www.c-textilep. com

中国纺织出版社天猫旗舰店

官方微博 http://weibo.com/2119887771

石家庄继文印刷有限公司印刷　各地新华书店经销

2022年2月第1版第1次印刷

开本：710 × 965　1/16　印张：14

字数：140千字　定价：69.90元

凡购本书，如有缺页、倒页、脱页，由本社图书营销中心调换